一般社団法人 設立・登記・運営 がまとめてわかる本

税理士 高橋 和也 / 司法書士 森成 翔 共著

日本法令

はじめに

　平成20年の公益法人制度改革により、一般社団法人という法人格が誕生しました。その具体的な活用例として、地域のスポーツチーム、PTA活動、ボランティア団体、新たな資格認定を事業とする団体などに適していることが知られています。

　令和5年の時点では、一般社団法人の年間設立件数は約6,000社に上り、これは株式会社（約10万社）、合同会社（約4万社）に次いで3番目に多い件数です（法務省資料より）。

　一般社団法人の設立件数が増加している理由として、設立手続きの容易さと税制上の優遇という、2つの大きなメリットが挙げられます。例えば、「非営利型一般社団法人」の要件を満たせば、寄付金や会費には法人税が課税されませんし、資格認定や講座運営事業にも原則として法人税が課税されません（茶道、生花など法人税が課税されるものもあります）。

　このようなメリットがあることにより設立件数が増えているにもかかわらず、一般社団法人の設立や運営に精通した専門家は、それほど多くはありません。書籍においても、公益社団法人や公益財団法人をメインとするものはありますが、一般社団法人のみを解説する実務書は珍しいと思われます。

　本書は、一般社団法人の設立や会計・税務のサポートを専門とするほか、自身でも一般社団法人を立ち上げ運営している税理士と、同じく一般社団法人の登記や定款認証の経験が豊富な司法書士が、その一連の手続きや法務・税務知識のポイントを解説するものです。

　設立前の検討段階から、実際の設立手続き、設立後の各種届出や決算、理事会や社員総会の開催方法に至るまで、時系列に沿った構成になっています。

　設立を検討中の方にとっては、ご自身の目的に一般社団法人が合致しているかどうかが判断でき、設立を決意した方にとっては、行うべき具体的な手順やタスクが俯瞰できる内容を目指しました。

　また、そのような方を支援する専門家（税理士、司法書士、行政書士など）の方にも役立つよう、情報の取捨選択に務めました。

特に、誰を社員に選ぶべきか、非営利型にすべきか、理事会を設置するべきか、定款に何を盛り込むべきか……といった初期段階の意思決定は、将来的な運営でのトラブルを防ぐカギであり、非常に重要なポイントです。本書がこの点の理解の一助となり、ご自身に合った一般社団法人を設立するガイド役となれれば、こんなに嬉しいことはありません。

　一般社団法人を設立し、女性の活躍推進、スポーツを通じた学生の人間教育、さらには地域活性化といった社会的意義のある活動に取り組もうとする方々を税理士として支援することは、私自身が社会の変革に貢献する一助となっていると感じられる意義深い仕事です。こうした支援を通じて、多くの人々が目指す社会の未来像を共に築き上げていくことこそが、私の専門家としての使命であり、また大きなやりがいでもあります。

　私自身、地元である兵庫県加古川市を盛り上げたいという想いと、応援しているアメリカンフットボールから派生したフラッグフットボールを普及させたいという想いを胸に、一般社団法人という組織を立ち上げ、活動を開始しました。その結果、多くの方々に関心を持っていただき、さらには協賛を通じて支援をいただけるようになりました。

　社会に貢献する活動を幅広い賛同を得ながら進めていきたいと考える方にとって、一般社団法人の設立は有力な選択肢となり得るでしょう。本書を通じて、その可能性をぜひ検討していただければ幸いです。

　本書の発刊にあたり、共著の誘いを快くお引き受けくださった森成翔司法書士と、㈱日本法令の水口鳴海氏に、心より感謝申し上げます。

令和7年3月

税理士　高橋和也

もくじ

第1章
一般社団法人について知ろう

第1節　一般社団法人の基本の「き」・・・・・・・・・・・・・002
第2節　一般社団法人の会計・・・・・・・・・・・・・・・・008
第3節　一般社団法人の法人税・・・・・・・・・・・・・・・012
第4節　一般社団法人の消費税・・・・・・・・・・・・・・・022
第5節　一般社団法人の組織と機関・・・・・・・・・・・・・028

第2章
設立の流れ

第1節　法人の目的と実施する事業・・・・・・・・・・・・・036
第2節　収支見込みを作成する・・・・・・・・・・・・・・・038
第3節　非営利型か普通型かを決める・・・・・・・・・・・・040
第4節　組織・機関の構成を決める・・・・・・・・・・・・・044
第5節　役員等の人選・・・・・・・・・・・・・・・・・・・047

第3章
定款を作成する

第1節　定款作成の全体の流れを把握する・・・・・・・・・・054
第2節　設立時社員を決める・・・・・・・・・・・・・・・・057

第3節	名称を決める	061
第4節	主たる事務所の所在地を決める	063
第5節	目的と事業内容を決める	066
第6節	公告方法を決める	069
第7節	社員の資格の得喪に関する規定を決める	072
第8節	事業年度を決める	077
第9節	非営利型・普通型を決める	079
第10節	機関設計を決める	081

定款サンプルⅠ（普通型・理事会の設置なし・最少人数で設立）・・・ 085

定款サンプルⅡ（非営利型・理事会の設置あり）・・・・・・ 095

第11節	実質的支配者となるべき者の申告書を作成する	112
第12節	定款認証を行う公証役場へ連絡する	114
第13節	定款への押印と定款の製本をする	116
第14節	定款認証に必要な書類を用意する	120

第4章
設立登記の申請をする

第1節	法人の印鑑を作る	126
第2節	設立登記の添付書類を作成・用意する	129
第3節	登記の申請書を作成する	138
第4節	登記申請書の別紙を作成する	142
第5節	印鑑届書を作成する	149
第6節	設立登記の申請書を提出する	151
第7節	履歴事項全部証明書と印鑑証明書を取得する	155

第5章

設立後すぐに
やるべきこと

第1節　税金関係の届出 ･････････････････ 162
第2節　人の雇用等に関する届出 ･････････ 166
第3節　金融機関口座を作ろう ･････････････ 170

第6章

設立後の運営
のポイント

第1節　設立後の法人運営資金 ･････････････ 174
第2節　役員報酬の決め方 ･･･････････････ 180
第3節　社員総会の開催 ･･･････････････････ 185
第4節　理事会の開催 ･･･････････････････ 190
第5節　毎年の決算と税務申告、その他の税務手続き ･････ 196
第6節　法人住民税均等割の申告・納税 ･･･ 207
第7節　事業計画と収支予算 ･････････････ 209
第8節　2年ごとに必要な登記 ･･･････････ 211
第9節　登記事項に変更があったら ･･･････ 214

コラム	顧問税理士が監事を兼ねてもいい？	034
コラム	理事会の設置は慎重に検討しよう	083
コラム	教科書どおりに定款作成しても訂正されることもある？	110
コラム	助成団体による助成金	177
コラム	一般社団法人のガバナンス不遵守事例	202

凡　例

一般法人法	一般社団法人及び一般財団法人に関する法律
公益認定法	公益社団法人及び公益財団法人の認定等に関する法律
公益法人FAQ	内閣府「公益法人制度等に関するよくある質問（FAQ）」（令和5年12月版）
非営利型法人	一般社団法人のうち非営利性が徹底された法人または共益的活動を目的とする法人
普通型法人	非営利型法人以外の一般社団法人

〔条項番号の省略の例〕
法人税法第3条第4項第5号　➡　法人税法3④五

本書に記載の情報は、原則として令和7年3月時点のものです。

第1章

一般社団法人について知ろう

　一般社団法人は、「設立手続きが簡単」で「税制上の優遇措置がある」という、2つの大きなメリットを得られる法人形態です。

　この章では、一般社団法人の詳しい仕組み・特徴や、一般社団法人に向いているビジネス・活動などをみていきます。

第1節 一般社団法人の基本の「き」

【1】一般社団法人とは

そもそも社団法人とは、ある一定の目的をもった人や企業などが「社員」として集まったもののうち、法律により法人格が認められたものをいいます（社員の集団に法人格を付与→社団法人）。

平成20年11月以前は、民法により法人格を認められたものが「社団法人」でした。

平成20年12月、公益法人制度改革が施行されたことにより、現在では、一般法人法により法人格が認められた**一般社団法人**と、一般社団法人のうち公益認定法により行政庁から公益認定を受けた**公益社団法人**の2種類が存在しています。

一般社団法人には、たとえば「日本の自動車工業の健全な発達等」を目的として自動車メーカーなどが集まった一般社団法人日本自動車工業会のような規模の大きい法人もあれば、筆者自身が令和5年に設立した、「兵庫県加古川市でフラッグフットボールの普及を図る」ことを目的とした個人が集まった一般社団法人加古川フラッグフットボール協会[1]のような小規模な法人もあります。

現在、一般社団法人は、**毎年約6,000件のペースで新設**されています。法人形態としては3番目に多い設立件数です。

---

[1] https://www.flagkakogawa.org/

❖ 令和５年の新規法人設立件数

株式会社	100,669件
合同会社	40,751件
一般社団法人	**6,077件**
一般財団法人	258件

（法務省「登記統計 統計表」をもとに作成）

【2】一般社団法人のメリット

　このように一般社団法人の設立件数が多い理由として、次のようなメリットが挙げられます。

（1）設立が簡単

　平成20年以前の社団法人は、設立には主務官庁の許可が必要でしたが、公益法人制度改革により、<u>登記だけで簡単に設立</u>できるようになりました。

　また一般社団法人は、NPO法人のような<u>設立時の所轄庁の認証も不要</u>です。

　登記すればだれでも設立できるという手軽さが、一般社団法人の魅力のひとつといえます。

（2）活動内容の自由さ

　平成20年以前の社団法人は、公益目的の事業を行うことが求められていました。

　同様にNPO法人は、特定非営利活動を行うことが求められます。

　これらに対し、<u>一般社団法人は活動内容に制限がない</u>ため、社会貢献や地域振興といった公益的な活動だけではなく、同窓会のような共益的な活動など、さまざまな分野での活用が可能です。講座・セミナービジネスや民間資格検定ビジネスなどの分野でも、一般社団法人が増えています。

　最近では、大学での部活動が、ガバナンスや資金調達力の強化を目的に一般社団法人となるケースもよくあります。

第1節　一般社団法人の基本の「き」　3

（3）税制上のメリット

詳しくは後述しますが、一般社団法人のうち非営利性が徹底された法人（以下、本書において「非営利型一般社団法人」という）は、一定の所得には法人税が課税されません。

株式会社や合同会社で同じ事業を行えば法人税が課税されるところ、非営利型一般社団法人であれば課税されないという、税制上のメリットがあるということです。

このような税制上のメリットを活用するために、起業する段階で一般社団法人での設立を選ぶケースが増えています。

【3】一般社団法人の関連用語

ここでは、一般社団法人に関連する用語をいくつか解説します。誤解されやすいものや聞き慣れない用語も含まれますが、まずはこれらの用語を正確に理解しておきましょう。

（1）社　　　員 　重要　　間違えやすい

関連用語で勘違いされやすいのが「社員」です。多くの人が、「一般社団法人の社員」のことを、給料をもらって働く従業員（会社でいう「会社員」）と誤解しています。

一般社団法人における社員とは、**最高決議機関である社員総会の構成員**を指します。株式会社における株主総会の構成員である株主に近いといえます。

一般社団法人の社員には、個人だけでなく、法人（会社など）もなることができます。

（2）社員総会

社員総会は、一般社団法人の最高決議機関です。

社員総会において、社員は原則として1人につき1個の議決権を持ちますが、定款に記載することで1人に複数の議決権を持たせることもできます。

社員総会で決める事項（決議事項）のうち、主なものは以下のとおりです。

4　第1章　一般社団法人について知ろう

- ◉役員の選任・解任
- ◉会計監査人の選任・解任
- ◉社員の除名
- ◉計算書類の承認
- ◉定款の変更
- ◉法人の解散

（3）理　　事

　理事は、一般社団法人の役職のひとつです。株式会社でいう取締役にあたります。

　理事の役割は、理事会を設置している場合と設置していない場合で異なります。

○理事会を設置していない場合

　理事会を設置していない一般社団法人では、**理事は法人の業務を執行するのが役割**になります。理事が2名以上いる場合には、原則として理事の過半数で業務執行の意思決定を行います。

　また、原則として理事は法人の代表権を有する（＝法人の業務に関する一切の行為を行う権限を有する）ことになりますが、理事の中から**代表理事**を定めている場合には、その代表理事のみが法人の代表権を有します。

○理事会を設置している場合

　理事会を設置している一般社団法人では、理事の中から必ず代表理事を定める必要があります。理事会が一般社団法人の業務執行の意思決定を行いますが、具体的な業務の執行は代表理事が行います。

　また、理事の中から代表理事以外に**業務執行理事**（一般法人法91①二）を定めている場合には、その業務執行理事も一般社団法人の業務を執行します。

　代表理事および業務執行理事以外の理事は、**理事会の構成員**（いわゆる

第1節　一般社団法人の基本の「き」　5

平理事）としての理事会での議決権の行使が役割になります。

（4）理事会

理事会とは、すべての理事で構成し、

- ◉法人の業務執行の意思決定
- ◉理事（代表理事や業務執行理事）の職務執行の監督
- ◉理事（代表理事や業務執行理事）の選定および解職

などを行う機関です。

理事会を設置する設置しないはその法人の任意になります。

（5）監　事

監事は、一般社団法人の役職のひとつです。**株式会社でいう監査役**にあたります。

主な役割は、理事が職務を適正に行っているかのチェック（監査）です。

監事を置くかどうかはその一般社団法人の任意ですが、理事会を設置している場合は、監事を必ず置かなければなりません。

（6）会計監査人

会計監査人の役割は、一般社団法人の計算書類およびその付属明細書の監査です。

会計監査人を置くかどうかはその一般社団法人の任意ですが、大規模一般社団法人（貸借対照表の負債の合計額が200億円以上の一般社団法人をいう。以下同じ）の場合は、会計監査人を必ず置かなければなりません。

また、会計監査人は公認会計士または監査法人である必要があります（一般法人法68①）。

（7）非営利　　重要　　間違えやすい

これも勘違いされがちな用語です。

「非営利」とは、一般社団法人の構成員（社員や役員など）に**利益の分配を行わないこと**をいいます。

6　第1章　一般社団法人について知ろう

筆者は「非営利だから儲けてはダメですよね？」「利益を上げてはいけないですよね？」といった質問をよく受けますが、非営利であっても事業を行って利益を上げること自体はまったく問題ありません。あくまで、株式会社における配当のように、事業を行って得た利益を分配してはいけないということです。

ですから、非営利であっても、役員や従業員、アルバイトに給与を支払ったり、業務委託先に報酬を支払ったりすることは、当然に認められています。

（8）非営利型法人（非営利型一般社団法人）

一般社団法人のうち①<u>**非営利性が徹底された法人**</u>または②<u>**共益的活動を目的とする法人**</u>の要件に該当する場合には、非営利型法人として法人税法上の優遇措置を受けることができます（法人税法２九の二）。

なお、本書では、非営利型法人以外の一般社団法人を「普通型法人」と呼びます。

（9）収益事業

非営利型法人ではない一般社団法人は、すべての所得（≒利益）に対して法人税が課税されますが、非営利型一般社団法人は収益事業から生じた所得に対してのみ法人税が課税されます。

収益事業は、具体的には後述する34の事業が該当します（15頁）。

第1節　一般社団法人の基本の「き」　7

第2節 一般社団法人の会計

【1】 どの会計基準を用いるべきか

　一般社団法人は、会計帳簿を作成し、事業年度ごとに計算書類（貸借対照表および損益計算書）を作成しなければなりません。

　一般社団法人の会計については、その行う事業に応じて、一般に公正妥当と認められる会計の慣行に従うものとする（一般法人法119）とされています。

　この「一般社団法人において公正妥当と認められる会計の慣行」とは、具体的には「公益法人会計基準」や「企業会計基準」が想定されます[2]。

　一般社団法人は利益の獲得と分配を目的とする法人ではないことから、通常は公益法人会計基準を企業会計基準より優先して適用することになるとされています[3]。

　一方、日本公認会計士協会は、公益認定申請を予定しない一般社団法人で、主たる事業が対価を伴う事業を実施するなど企業と同様の事業を行っている法人については、企業会計基準を適用することが事業の実態等をより適切に表していると判断する場合が考えられるとしています[4]。

　実務上は、公益認定申請（公益社団法人になるための申請）を予定していない一般社団法人は、企業会計基準で会計を行えば十分に足りると筆者は考えます。

　ただし、海外の事業者が提供する非営利法人向けのサブスクリプションサービス等で、<u>非営利法人向け優待価格が適用される条件として「公益法人会計基準で作成した決算書」の提出を求めてくるケース</u>もありますので、注

---

[2]　公益法人FAQ問6-4-①
　　https://www.koeki-info.go.jp/content/06-04-01.PDF
[3]　前掲・脚注2
[4]　日本公認会計士協会による非営利法人委員会実務指針第38号公益法人会計基準に関する実務指針 のQ&AのQ1
　　https://jicpa.or.jp/specialized_field/files/2-13-38-2-20190319.pdf

意が必要です。

また、行政が主導で運営する一般社団法人については、収支予算書を作成するために公益法人会計基準を適用する場合があります。

❖ 筆者が推奨する会計基準

> ◉公益認定申請を予定　➡　公益法人会計基準
>
> ◉行政が主導的に運営　➡　公益法人会計基準
>
> ◉上記以外　　　　　　➡　企業会計基準[※]

（※）非営利法人向け優遇措置の適用を受ける場合には、公益法人会計基準に準拠した決算書を求められる可能性がある。

【2】企業会計基準と公益法人会計基準の用語の違い

企業会計基準と公益法人会計基準では、作成する書類や使用する勘定科目の名称が、以下のように異なります。

❖ 会計基準の用語の違い

	企業会計基準	公益法人会計基準
作成する書類	損益計算書	正味財産増減計算書
勘定科目や区分の名称	売上高	事業収益、受取会費、受取入会金、受取補助金、受取寄付金　など
	売上原価	事業費
	販売費及び一般管理費	管理費
	当期純利益	当期一般正味財産増減額
	純資産の部	正味財産の部
	繰越利益剰余金	一般正味財産

（注）一部、厳密には意味が異なるものも含む。

第2節　一般社団法人の会計　9

【3】一般社団法人の会計での注意点

　一般社団法人には、株式会社のように株式等と引き換えに資金を提供する「出資」の概念がありません。そのため、**一般社団法人の会計には「資本金」という勘定科目は存在しません**。

　まれに、一般社団法人の貸借対照表に「資本金」が記載されているケースを見かけますが、これは誤った会計処理です。

　一般社団法人が資金提供を受けた場合は、その内容に応じて**「基金」「借入金」「受取寄付金」などの適切な勘定科目**を用いて会計処理を行います。

【4】会計ソフトは何を使うべきか

（1）公益法人会計基準を適用する場合

　公益法人会計基準用に対応した会計ソフトを使用する必要があります。

　一般企業向けの会計ソフトでも勘定科目の名称を変更するなど工夫すれば公益法人会計基準を適用して作成したような計算書類を作成することは可能です。

　しかし、特に公益認定申請を目指す場合や行政に関係する一般社団法人の場合は、初めから公益法人向け（公益法人会計基準適用）の会計ソフトを使用することをお勧めします。

（2）企業会計基準を適用する場合

　一般企業向けの会計ソフトで問題なく対応できます。

　既存の勘定科目をそのまま使用してもかまいませんが、以下のようなひと手間を加えると、一般社団法人らしい計算書類を作成できます。

> ◉収入に対して使用する勘定科目を「売上高」でひとくくりにするのではなく、「受取入会金」「受取会費」「事業収益」「受取補助金」「受取寄付金」などというように細かく区分。
>
> ◉「損益計算書」の名称を「正味財産増減計算書」に変更。
>
> ◉「当期純利益」の名称を「一般正味財産増減額」に変更。

10　第1章　一般社団法人について知ろう

ただし、会計ソフトによっては、このように書類の名称や利益の名称を変更できないこともあります。

第3節 一般社団法人の法人税

【1】一般社団法人の法人税

　一般社団法人については、法人税法上、課税の対象が下記のように区分されます。

	一般社団法人	
	非営利型法人	非営利型以外の法人 （普通型法人）
課税の対象	収益事業から生じた 所得に対して課税	すべての所得に対して課税

　普通型法人は、株式会社や合同会社などと同様に、法人のすべての所得に対して課税されます。

　一方、非営利法人は、法人税法上で規定された「収益事業」から生じた所得に対してのみ、法人税が課税されます。

【2】非営利型法人とは

　一般社団法人のうち、次の**（イ）**または**（ロ）**に該当するもの（それぞれの要件すべてに該当する必要がある）は、非営利型一般社団法人に該当します。

（イ）非営利性が徹底された法人（法人税法２九のニイ）

要件❶　剰余金の分配を行わないことを定款に定めていること。

要件❷　解散したときは、残余財産を国・地方公共団体や一定の公益的な団体に贈与することを定款に定めていること。

要件❸　上記❶および❷の定款の定めに違反する行為（❶❷❹の要件に該当していた期間において、特定の個人または団体に特別の利益を与えることを含む）を行うことを決定し、または行ったことがないこと。

要件❹　各理事について、理事とその理事の親族等である理事の合計数が、理事の総数の３分の１以下であること。

（ロ）共益的活動を目的とする法人（法人税法２九のニロ）

要件❶　会員に共通する利益を図る活動を行うことを目的としていること。

要件❷　定款等に会費の定めがあること。

要件❸　主たる事業として収益事業を行っていないこと。

要件❹　定款に特定の個人または団体に剰余金の分配を行うことを定めていないこと。

要件❺　解散したときにその残余財産を特定の個人または団体に帰属させることを定款に定めていないこと。

要件❻　❶〜❺および❼の要件に該当していた期間において、特定の個人または団体に特別の利益を与えることを決定し、または与えたことがないこと。

要件❼　各理事について、理事とその理事の親族等である理事の合計数が、理事の総数の３分の１以下であること。

　注意すべきなのが、**これらの要件にひとつでも該当しなくなった時点で、非営利型法人の資格が取り消される**ということです。たとえば、２年前から要件を満たしていなかったことが判明した場合、その時点で非営利型法人ではなかったとみなされ、遡ってすべての所得に対して法人税が課税されるこ

とになります。

　定款に記載すべき事項を誤って削除するケースはほとんどありませんが、以下のような事例が見られます。

> ◉　理事が１名辞任し、「理事の親族が全体の３分の１以下」という要件を満たさなくなっていたのを放置していたケース
> ◉　代表理事が法人の資金を私的に流用し、「特定の個人に特別の利益」を与える結果となったケース

　このような場合、非営利型法人の要件に該当しなくなるリスクがあるため、注意が必要です。

【3】収益事業とは

非営利型法人は、収益事業から生じた所得に対して法人税が課税されます。

　この収益事業とは、次に掲げる34の事業で、継続して事業場を設けて行われるものをいいます（法人税法２十三、法人税法施行令５①）。

14　第１章　一般社団法人について知ろう

❖ 34の収益事業

1	物品販売業	18	代理業
2	不動産販売業	19	仲立業
3	金銭貸付業	20	問屋業
4	物品貸付業	21	鉱業
5	不動産貸付業	22	土石採取業
6	製造業	23	浴場業
7	通信業	24	理容業
8	運送業	25	美容業
9	倉庫業	26	興行業
10	請負業	27	遊戯所業
11	印刷業	28	遊覧所業
12	出版業	29	医療保健業
13	写真業	30	技芸教授業
14	席貸業	31	駐車場業
15	旅館業	32	信用保証業
16	料理店業その他の飲食店業	33	無体財産権の提供等を行う事業
17	周旋業	34	労働者派遣業

（注）一定の除外事業あり（法人税法施行令5②）

　このうち30の「技芸教授業」については、該当するものとして下記のとおり限定列挙されています。

❖ 技芸教授業（限定列挙）

（イ）技芸の教授

　洋裁、和裁、着物着付け、編物、手芸、料理、理容、美容、茶道、生花、演劇、演芸、舞踊、舞踏、音楽、絵画、書道、写真、工芸、デザイン（レタリングを含む）、自動車操縦もしくは小型船舶の操縦。

（ロ）学力の教授

　学校の入試への備えや、補習のために行うもの。

（ハ）公開模擬学力試験

　学校の入試に備えるためのもの。

たとえば、非営利型法人が書道教室を主宰する場合には技芸の教授として収益事業に該当しますが、語学教室（学校の入試対策等を除く）を主宰する場合には技芸の教授にも学力の教授にも該当しないため、収益事業に該当しません（＝法人税が課税されない）。

【4】「収益事業から生じた所得」に該当しないもの

　非営利型法人は、収益事業から生じた所得に対して法人税が課税されます。収益事業に該当しないものには、たとえば以下のようなものがあります。

> ◉受取寄付金
> ◉受取会費
> ◉受取補助金（収益事業に対する補助金は除く）

　また、事業から生じる所得であっても、以下のような事業は収益事業に該当しないため、その事業から生じた所得に対しては法人税が課税されません。

❖ 収益事業に該当しない事業の例

> ◉自社が主宰する収納の知識に関する講座・セミナー
> ◉自社が主宰する漢方アロマセラピーに関する資格検定
> ◉自社が主宰する語学教室の運営（学校の入試対策を除く）
> ◉自社が主宰するサッカー教室の運営

　収益事業に該当しない収入や事業を中心に運営を行う予定の一般社団法人は、非営利型法人の要件を満たす方が、税制上有利となる可能性が高いでしょう。
　詳細については、身近な税理士に相談することをお勧めします。

【5】法人税の申告

（1）法人税の申告義務

　普通型法人は、株式会社と同じように事業年度ごとに法人税を申告する義務があります。

　一方、非営利型法人は、収益事業を行う場合に限り法人税を申告する義務があります。逆にいうと、<u>**収益事業を行わない非営利型法人は法人税の申告を行う必要がありません**</u>。

　なお、収益事業を行わない非営利型法人は、定款に記載した事業年度にかかわらず、毎年4月1日から翌年3月31日までの期間の法人住民税均等割を都道府県・市区町村に申告し、納付します。

　自治体によっては収益事業を行わない非営利型法人は均等割が免除される制度を設けている場合がある[5]ので、法人の本店所在地の自治体の制度を調べてみるとよいでしょう。

（2）損益計算書等の提出制度

　法人税の申告義務がない非営利型法人であっても、事業年度の収入金額が8,000万円を超える場合には、原則として事業年度終了の日の翌日から4か月以内に、その事業年度の損益計算書または収支計算書を、主たる事務所の所在地の税務署長に提出しなければなりません。

【6】設立後に区分が変わる場合

　普通型法人で設立したが途中で非営利型法人に変更した、非営利型法人で設立したもののあまりメリットがないので普通型法人に変更することにした

---

[5]　たとえば、一般社団法人加古川フラッグフットボール協会が所在する兵庫県加古川市には、収益事業を行わない非営利型法人が一定の申請書類を提出すれば法人市民税均等割が免除される制度がある（令和6年7月現在）。

など、設立後に法人税法上の区分が変わることもあります。

そういった場合には、事業年度などの調整を行う必要があります。

(1) みなし事業年度

　非営利型法人が普通型法人に該当することとなった場合、または普通型法人が非営利型法人に該当することとなった場合には、定款で定めた事業年度開始の日からその<u>該当することとなった日</u>の前日までの期間と、その<u>該当することとなった日</u>から定款で定めた事業年度終了の日までの期間を、それぞれ1事業年度とみなすとされています（法人税法14①四）。

　また、<u>みなし事業年度で区切られた期間についても、決算および法人税・消費税の申告が必要</u>です。

❖ みなし事業年度のイメージ

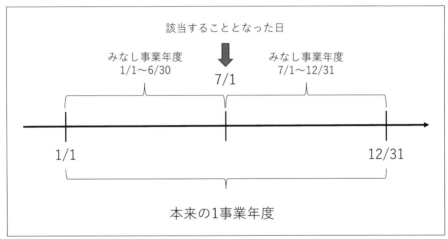

（注）12月決算法人で「該当することとなった日」が7月1日の場合。

　上記の場合、定款上の事業年度開始の日である1月1日から「該当することとなった日」の前日である6月30日までを1事業年度とみなし、法人税の申告を行います。また、「該当することとなった日」である7月1日から定款上の事業年度終了の日である12月31日を1事業年度とみなし、法人税の申告を行います。

このため、定款を変更したり理事の人数を増減させたりして、普通型法人から非営利型法人に変更する場合や、非営利型法人から普通型法人に変更する場合には、できれば定款に記載された事業年度開始の日を「該当することとなった日」とするように調整することをお勧めします。そうすれば、定款に記載した事業年度どおりに法人税を申告すればよいことになり、法人税の申告の回数を増やさずに済みます。

❖ **みなし事業年度を生じさせずにすむ例**

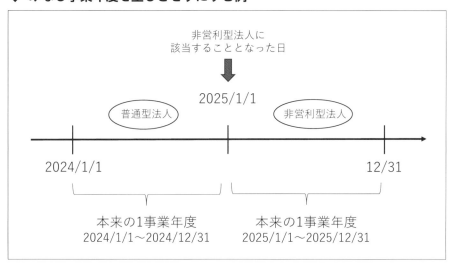

（2）該当することとなった日

　「該当することとなった日」とは、具体的には下記の日を指します。

変更の内容	該当することとなった日
普通型法人 ➡ 非営利型法人	非営利型法人の要件のすべてに該当することとなった日
非営利型法人 ➡ 普通型法人	非営利型法人の要件にどれかひとつでも該当しなくなった日

（3）みなし事業年度と消費税の課税期間の関係

　法人の消費税の課税期間は、その法人の事業年度とされています（課税期間の特例を選択している場合を除く）。したがって、本来の事業年度がみな

し事業年度に区分された場合には、区分された**みなし事業年度それぞれを1課税期間として消費税の申告**が必要になります。

（4）普通型法人から非営利型法人に変更する場合の所要の調整

　普通型法人が非営利型法人になる場合には、その日の前日に普通型法人が解散したものとみなすとともに、その日に非営利型法人が設立されたものとみなして、一定の法人税に関する調整が適用されます。

❖ 該当することとなった日の前日の属する事業年度における調整の例

法人税法等の規定	適用内容
欠損金の繰戻しによる還付	該当日の前日前1年以内に終了した事業年度または該当日の前日の属する事業年度において生じた欠損金について、繰戻し還付規定の適用を受けることができる。なお、欠損金の繰戻し還付の規定は、租税特別措置法において大法人による完全支配関係がない中小企業者等を除きその適用が停止されているが、解散の場合には適用される。
一括償却資産の損金算入	該当日の前日の属する事業年度において、その事業年度終了の時における一括償却資産の金額の残額を損金の額に算入する。

（国税庁「新たな公益法人関係税制の手引き」[6]より抜粋・一部修正）

❖ 該当することとなった日の属する事業年度以後における調整の例

法人税法等の規定	適用内容
青色欠損金、災害損失金、期限切れ欠損金の繰越し	該当日の属する事業年度前の各事業年度において生じた欠損金を該当日の属する事業年度以後に繰り越すことはできない。

（国税庁「新たな公益法人関係税制の手引き」より抜粋・一部修正）

（5）非営利型法人から普通型法人に変更する場合の所要の調整

　非営利型法人が普通型法人となる場合（非営利型法人ではなくなる場合）には、過去の収益事業から生じた所得の累積額を、益金の額に算入します。

---

[6]　https://www.nta.go.jp/publication/pamph/hojin/koekihojin.pdf

> 益金に算入すべき額＝資産の帳簿価額−（負債の帳簿価額＋利益積立金額）

（注）計算した金額がマイナスとなる場合には、損金の額に算入。

　非営利型法人であるときに課税されていなかった部分の累積額に一気に法
人税が課税されるイメージです。
　収益事業以外の部分で利益が出ていた非営利型法人は、**非営利型であるこ**
とをやめるという判断は慎重に行うべきでしょう。

第4節 一般社団法人の消費税

　一般社団法人の消費税および地方消費税（以下、単に「消費税」という）の**納税義務の判定、申告期限等については株式会社や合同会社と基本的に同じ**です。

　収益事業を行わない非営利型一般社団法人の場合、法人税の申告義務はありませんが、インボイス登録をしていたり基準期間の課税売上高が1,000万円を超えていたりする場合には消費税の申告義務があります（決算時に法人税の申告はせず、消費税の申告だけを行う）。

【1】 消費税の納付税額の計算方法の種類

　一般社団法人の消費税の納付税額の計算方法は、下記（1）～（3）に大別できます。

（1）原則課税

> 納付税額＝課税売上の消費税額－仕入等の消費税額

　その課税期間中の課税売上高が5億円以下か5億円超か、課税売上割合が95％未満か95％以上かで計算が細かく分かれます。

　また、この原則課税においては仕入等の消費税額（以下「仕入控除税額」という）について**国、地方公共団体、公共・公益法人等の仕入控除税額の計算の特例**[7]が適用される可能性があります。この特例については後述します。

---

[7] https://www.nta.go.jp/publication/pamph/shohi/shohizei_r06.pdf

（2）簡易課税

納付税額＝課税売上の消費税額－（課税売上の消費税額×みなし仕入率）

　中小事業者の納税事務負担に配慮する観点から、事業者の選択により、売上の消費税額を基礎として仕入等の消費税額を算出することができる制度です。

❖ 適用条件

◉基準期間における課税売上高が5,000万円以下
◉期限までに消費税簡易課税制度選択届出書を提出

❖ 事業区分とみなし仕入率

事業区分	みなし仕入率
第1種事業（卸売業）	90%
第2種事業（小売業、農業・林業・漁業（飲食料品の譲渡に係る事業に限る））	80%
第3種事業（農業・林業・漁業（飲食料品の譲渡に係る事業を除く）、鉱業、建設業、製造業、電気業、ガス業、熱供給業および水道業）	70%
第4種事業（第1種事業、第2種事業、第3種事業、第5種事業および第6種事業以外の事業）	60%
第5種事業（運輸通信業、金融業および保険業、サービス業（飲食店業に該当するものを除く））	50%
第6種事業（不動産業）	40%

（国税庁タックスアンサーNo.6505より一部修正）

　原則課税での消費税の計算方法は複雑で手間がかかりすぎると考える場合や、簡易課税で計算した方が消費税の納税額が少ないと想定される場合は、簡易課税の選択を検討しましょう。

　軽減税率やインボイス制度の導入により、原則課税での消費税計算は非常に複雑化しています。

第4節　一般社団法人の消費税　23

原則課税と簡易課税を比較した際、原則課税の方が「納付税額がやや少ない」程度であれば、手間や工数を考慮し、簡易課税を選択する方がトータルでメリットがある場合も考えられます。

（3）２割特例

納付税額＝課税売上の消費税額×20％（２割）

　２割特例[8]は、インボイス登録を機に免税事業者から課税事業者になった事業者を対象として設けられた計算方法です。

　したがって、基準期間における課税売上高が1,000万円を超える事業者、資本金1,000万円以上の新設法人など、インボイス登録と関係なく消費税課税事業者になる場合には、この２割特例は適用されません。

　また、課税期間を１か月または３か月に短縮する特例の適用を受ける場合などについても、２割特例は適用されません。

　この２割特例を適用できる期間は、令和５年10月１日から令和８年９月30日までの日の属する課税期間です。

【2】一般社団法人特有の消費税の計算

　原則課税で消費税の納付税額を計算する場合において、仕入控除税額の計算に**国、地方公共団体、公共・公益法人等の仕入控除税額の計算の特例**（以下「国等の仕入控除税額の計算の特例」という）があるのは前述のとおりです。

　この特例について、消費税法別表第三において一般社団法人も対象となる事業者に含まれています。

　ただし、以下の場合には、この国等の仕入控除税額の計算の特例の適用はありません。

---

[8] https://www.nta.go.jp/publication/pamph/shohi/kaisei/202304/01.htm

- ◉その課税期間における特定収入割合が5%以下の場合
- ◉その課税期間に簡易課税を適用している場合
- ◉その課税期間に2割特例を適用している場合

（1）国等の仕入控除税額の計算の特例の概要

　一般社団法人は、補助金、会費、寄附金など、対価性のない収入を財源とする場合があります。こうした対価性のない収入を原資とした仕入等にかかる税額を、売上に係る消費税から控除することは、一般的には消費税法上の仕入税額控除制度の趣旨にそぐわないとされています。

　そこで補助金、会費、寄附金などの特定収入が多い一般社団法人については、仕入税額控除の計算で一定の調整を行う特例が設けられています。

（2）特定収入とは

　特定収入とは、対価性のない収入のうち、消費税法上、特定収入に該当しないこととされている収入以外の収入をいいます。

　特定収入に該当するものとしては、以下のような収入が例示[9]されています（一般社団法人に関連しそうなもののみ列挙）。

補助金　／　交付金　／　寄附金　／　出資に対する配当金　／
保険金　／　損害賠償金　／　負担金　／　会費等

　ただし、対価性のない収入であっても、人件費補助金や利子補給金、土地購入のための補助金や、消費税が課税されない支払いのためにのみ使用することとされている収入など、特定収入に該当しないとされる場合があるので、注意が必要です。

---

[9]　国税庁「国、地方公共団体や公共・公益法人等と消費税」
https://www.nta.go.jp/publication/pamph/shohi/shohizei.htm

（3）特定収入割合とは

　国等の仕入控除税額の計算の特例による調整は、その課税期間において簡易課税や２割特例を適用しておらず（＝原則課税を適用している）、かつ特定収入割合が５％超である場合に適用されます。

　特定収入割合とは、次の計算式により計算した割合をいいます。

❖ 特定収入割合の計算

$$特定収入割合 = \frac{特定収入の合計額}{（資産の譲渡等の対価の合計額^{（※）} + 特定収入の合計額）}$$

（※）資産の譲渡等の対価の額の合計額＝課税売上高（税抜）＋免税売上高＋非課税売上高＋国外売上高

（国税庁「国、地方公共団体や公共・公益法人等と消費税」）[10]

（4）国等の仕入控除税額の計算の特例の適用がある場合

　国等の仕入控除税額の計算の特例の適用がある場合には、特定収入によって行った課税仕入等の税額は仕入税額控除の対象になりません。

　この場合における消費税の納付税額の計算は、次の計算式で行います。

---

[10]　前掲・脚注9

$$納付税額 = \begin{array}{c} その課税期間中 \\ の課税標準額に \\ 対する消費税額 \end{array} - \left(\begin{array}{c} 調整前の \\ 仕入控除税額^{(※)} \end{array} - \begin{array}{c} その課税期間中の \\ 特定収入に係る課 \\ 税仕入れ等の税額 \end{array} \right)$$

（※）調整前の仕入控除税額とは、通常の計算方法により計算した仕入控除税額をいう。インボイス制度開始後は、インボイス発行事業者以外の者からの課税仕入れについては、原則として、仕入税額控除の適用を受けることはできないが、この課税仕入れであっても、特定収入に係る課税仕入れ等の税額の調整計算の対象となる（ただし一定の調整規定あり）。

（国税庁「国、地方公共団体や公共・公益法人等と消費税」より一部修正）

　国等の仕入控除税額の計算の特例が適用される場合の消費税の納付税額の計算は、難解であるといえます。「特定収入に該当するもの／しないもの」の判定自体も難しいですし、納付税額の計算式もかなり複雑です。

　この特例に詳しくない場合や自信がない場合には、簡易課税や２割特例での消費税の納付税額の計算を検討するようお勧めします。基準期間の課税売上高が5,000万円超などで、どうしても簡易課税や２割特例が適用できない場合には、これらの税制に詳しい税理士に相談するとよいでしょう。

第5節 一般社団法人の組織と機関

　一般社団法人を初めて設立するときには、どのような役職や組織構成が必要なのか、戸惑いがちです。本節では、一般社団法人の組織構成や設置が義務付けられている機関について解説します。
　一般社団法人の組織と機関は、理事会を設置しない場合と設置する場合で異なります。

【1】理事会を設置しない場合

必ず設置	・社員総会（社員：設立時2名以上） ・理事（1名以上）
任意設置	・監事^{（※）} ・会計監査人^{（※）}

（※）大規模一般社団法人（貸借対照表の負債の合計額が200億円以上の一般社団法人）の場合は監事、会計監査人は必ず設置。

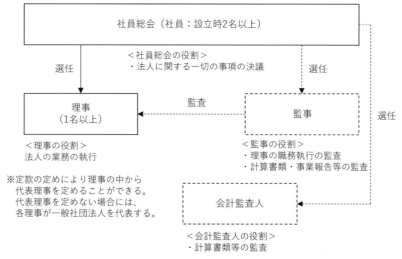

（図の実線は必置機関、点線は任意設置機関）

【2】理事会を設置する場合

必ず設置	・社員総会（社員：設立時2名以上） ・理事会 ・理事（3名以上） ・監事（1名以上）
任意設置	・会計監査人 (※)

(※) 大規模一般社団法人の場合は会計監査人を必ず設置。

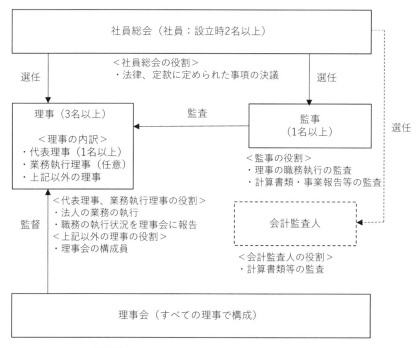

（図の実線は必置機関、点線は任意設置機関）

以上が一般社団法人の基本的な組織と機関です。

【3】いちばんミニマムな設立パターン

　ここからは実務でよく使う、一般社団法人の機関と組織のパターンをみていきます。

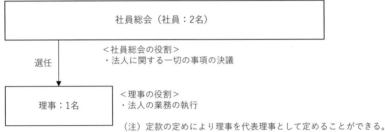

　社員2名のうち1名が理事を兼ねることで、一般社団法人設立時の最小人数である2名で設立するパターンです。理事1名の場合は、その理事が当然に代表理事になります。
　このミニマム設立パターンでは非営利型一般社団法人の要件を満たすことはできません（非営利型の場合、理事は3名以上必須であるため）。

　社員の人数は設立時に必ず2名以上が必要ですが、設立後は1名になっても問題ありません（非営利型法人の場合も同様）。
　ただし、社員が1名のみの一般社団法人では、その社員が事故などで亡くなった場合、一般法人法148条1項4号に基づき解散事由に該当するため、注意が必要です。

【4】非営利型のミニマム設立パターン

```
┌─────────────────────────────────────────────┐
│              社員総会（社員：2名）                │
└─────────────────────────────────────────────┘
          │              <社員総会の役割>
   選任    │              ・法人に関する一切の事項の決議
          ▼
┌──────────────────┐   <理事の役割>
│    理事：3名        │   ・法人の業務の執行
│                  │
│  それぞれの理事が    │   （注）定款の定めにより理事の中から代表理事を定めることができる。
│  親族関係であって    │        代表理事を定めない場合には各理事が一般社団法人を代表する。
│  はならない        │
└──────────────────┘
```

　筆者の経験上、一般社団法人設立において最も一般的なのが、この非営利型ミニマム設立パターンです。

法人設立の中心となるオーナーが、社員と代表理事を兼任します。

　なお、社員2名のうち、もう1名の社員をオーナー以外の理事が兼任する場合もありますが、この方法はあまり推奨できません。

　理事同士で対立が生じた場合、理事は最長2年の任期後に再任を見送ることで辞めさせることが可能ですが、**社員には任期がなく、本人が同意しない限り、社員の立場から退いてもらうのが非常に困難**なためです。

　そのため、社員2名のうち、オーナー以外の1名はオーナーの親族など信頼できる人物にするのが安全といえます。

　また、非営利型法人では理事会の設置は必須ではありません。理事会を設置すると監事の設置も義務付けられるため、理事会を設置しない形が、非営利型法人における最小人数での組織構成となります。

第5節　一般社団法人の組織と機関　31

【5】信頼できる印象を与えたい非営利型

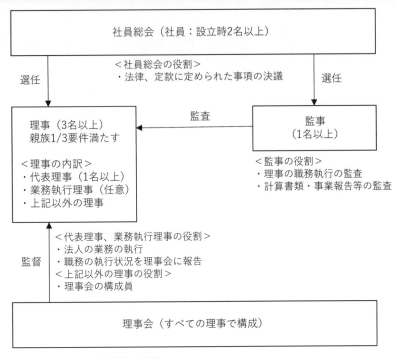

　非営利型法人で、ステークホルダーに「信頼できる法人」との印象を与えたい場合は、理事会と監事を設置することをお勧めします。特に、監事に国家資格を持つ専門家を起用すれば、さらに高い信頼を得ることができます。

　監事の職務は、理事の職務執行が適正に行われているかを監査する**法的**観点と、計算書類などを監査する**会計的**観点の2つに分かれます。弁護士、公認会計士、税理士などの専門家が監事を務めることで、法人のガバナンスがしっかりしているという印象を与えることができます。

【6】大規模一般社団法人（負債合計額200億円以上）

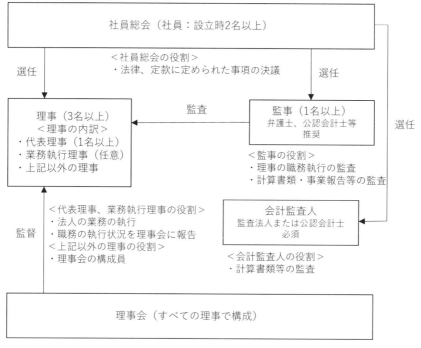

　多額の財産を管理し、広範な事業活動を展開する一般社団法人においては、強固なガバナンス体制の確立が不可欠です。特に、大規模一般社団法人の場合、会計監査人の設置が法律で義務付けられていますが、この会計監査人は監査法人または公認会計士に限られています。

　一方、監事については、国家資格者であることは法令で求められていませんが、弁護士や公認会計士、税理士といった専門家に依頼するのが望ましいでしょう。法律上、監事は1名でもかまいませんが、ガバナンス強化の観点から、法律の専門家1名、会計の専門家1名の計2名を最低でも選任することをお勧めします。

顧問税理士が監事を兼ねてもいい？

　一般社団法人において、まれに顧問税理士が監事を兼任するケースがありますが、これにはいくつかの問題点が考えられます。

　まず、自らが関与して作成した計算書類を客観的に監査できるかという点に疑問が残ります。

　特に、顧問税理士としてのアドバイスが不適切であった場合、その影響を監事として適切に指摘し、是正を促すことが難しくなる可能性があります。また、この兼任により外部のステークホルダーに監査の信頼性に対する疑念を抱かせ、ひいては法人全体の信頼性を損なうリスクも生じます。

　これらのリスクを回避し、法人の健全なガバナンスを維持するためには、顧問税理士とは別の独立した立場にある税理士を監事に選任することが望ましいと考えられます（税理士を監事に選任する場合）。

第 2 章

設立の流れ

　一般社団法人の設立の流れは、大まかに下記のとおりです。

①法人の目的、実施する事業の決定

②収支見込みの作成

③非営利型か普通型かを決定

④組織・機関の構成の決定

⑤社員・役員等の人選

⑥定款を作成して認証を受ける

⑦設立登記の申請

本章では、このうち①〜⑤をみていきます。

第1節 法人の目的と実施する事業

【1】法人の目的

　まず、法人を設立する目的を明確にし、社会にどのような貢献をしたいのかを考えます。ここで考えたミッションやビジョンが「法人の目的」として定款に記載されます。

　ちなみに、筆者が運営する「一般社団法人加古川フラッグフットボール協会」の目的は、下記のとおりです。

> 当法人は、フラッグフットボールの普及と発展を通じて人々、特にこどもたちの心身の健全な発達に寄与し、豊かな人間性を育むことを目的として、次の事業を行う。

（「一般社団法人加古川フラッグフットボール協会定款」より抜粋）

　協賛金や寄付金を財源とする一般社団法人にとって、法人の目的（ミッションやビジョン）は極めて重要です。協賛や寄付を考える企業や個人は、その法人の目的に共感することが前提となるため、魅力的で共感を呼ぶ目的を掲げることが成功の鍵といえるからです。

【2】実施する事業

　法人の目的、ミッションやビジョンを達成するために必要な事業を具体的にリストアップします。例えば、イベントの開催、セミナーの実施、出版活動など、法人が取り組む事業を明確に記載します。

　設立当初だけでなく、将来的な事業展開も見据えて、柔軟に対応できる目的や事業内容を定めます。将来的に予定している事業も含め、幅広く記載することで、活動の範囲を広げられます。

36　第2章 設立の流れ

しかし一方で、一般社団法人が定款に幅広く多岐にわたる事業を記載しすぎると、結果として法人の活動内容が曖昧になり、外部から見て「何をやっている法人なのか」がわかりにくくなります。これにより、法人の信頼性が低下し、支援者や協力者からの共感や支援を得ることが難しくなるおそれがあります。したがって、**定款には法人の目的に関連する事業を精査して記載し、その一貫性を保つことが重要**です。

　また、**定款に記載する事業は一般社団法人が設立後に取得しようとしている許認可に関係**もしてきます。その許認可を取得するにあたって必要な文言が記載されていない、または記載してはいけない文言が記載されているといったことがないよう、十分に注意を払う必要があります。事前に専門家に定款をチェックしてもらって記載内容が適切かどうか確認することで、後々のトラブルを防ぐことも有効です。

　ちなみに、一般社団法人加古川フラッグフットボール協会が定款に記載した事業は下記のとおりです。

　⑴ フラッグフットボールの普及啓発
　⑵ 小学校等へのフラッグフットボール用品の寄贈
　⑶ フラッグフットボールに関するイベント・講習会の開催
　⑷ 健康増進・身体能力向上のためのイベント・講習会の開催
　⑸ フラッグフットボールスクールの運営
　⑹ 前各号に附帯又は関連する事業

（「一般社団法人加古川フラッグフットボール協会定款」より抜粋）

　行いたい事業は、優先順位の高いものから定款の上位に記載し、すぐには着手しないが将来的に実施したい事業（例：フラッグフットボールスクールの運営）は下位に記載しています。
　なお、⑹の**「前各号に附帯又は関連する事業」**という文言は、多くの一般社団法人が事業項目の最後に記載する、定番のフレーズとなっています。

第1節　法人の目的と実施する事業　37

第2節 収支見込みを作成する

次に収支見込みを作成します。

設立初年度の収支見込みももちろん必要ですが、実施しようとしている事業が軌道に乗ったころの収支見込みをイメージして、次ページの表も参考に、作成してみましょう。

なお、この収支見込みは、法人税の税額の大小を基準に、非営利型法人と普通型法人のどちらが有利かを判定するために作成するものです。

納税額の大小に関係なく、非営利型か普通型かが既に決まっている場合には、**第4節**「組織・機関の構成を決める」に進んでください。

❖ 収支見込みを作成して検討するまでもなく非営利型法人か普通型法人かが決まる場合の例

- ◉ **理事を3人集めることができない**
  - →普通型法人
- ◉ **親族以外の者を理事に入れたくない**
  - →普通型法人
- ◉ **収益事業以外の収入しかない**
  - →非営利型法人が絶対に有利
- ◉ **収益事業の収入しかない**
  - →非営利型と普通型どちらでもよい（「収益事業の所得に対して課税＝すべての所得に対して課税」という状態になるので、非営利型でも普通型でも法人税額は同じになる）

❖ 事業別収支見込み

	A事業	B事業	共通	合計
収入				
事業収入	900万円	300万円		1,200万円
会費収入			100万円	100万円
寄付金収入			100万円	100万円
補助金収入				
その他				
収入計	900万円	300万円	200万円	1400万円
事業経費				
●●費	200万円	400万円		600万円
●●費				
管理費(販管費)				
役員報酬			360万円	360万円
給与			120万円	120万円
地代家賃			120万円	120万円
通信費				
●●費				
支出計	200万円	400万円	600万円	1,200万円
収支差額 (利益)	700万円	▲100万円	▲400万円	200万円

　非営利型にするのが有利か、あるいは普通型（非営利型ではない）にするのが有利かを検討するため、事業別に区分して収支見込みを作成します。

　個別の事業に当てはまらない収入や支出については、暫定的に「共通」という項目にまとめましょう。

第3節 非営利型か普通型かを決める

　次に、作成した事業別の収支見込みをもとに非営利型にした方が有利なのか、普通型（非営利型ではない）の方が有利なのかを判定します。

（注）実際には事業に直接むすびつかない共通でかかっている経費（人件費や家賃など）を事業に按分して事業ごとの損益を試算しますが、ここでは計算をわかりやすくするため割愛しています。

【1】Aパターン（収益事業以外が儲かっている）

　第2節の事業別収支見込みのケースで、A事業は収益事業に該当しない事業（法人税が課税されない）、B事業は収益事業に該当する事業（法人税が課税される）だとします。

	A事業	B事業 **収益事業**	共通	合計
収支差額 (利益)	700万円	▲100万円	▲400万円	200万円

　この場合、非営利型だと収益事業の利益（B事業の利益）にだけ課税、普通型はすべての利益（合計欄の利益）に課税されるため、

　　　非営利型　：法人税の課税対象▲100万円　**→法人税0円**
　　　普通型　　：法人税の課税対象　200万円　**→法人税30万円**

となり、<u>**非営利型を選んだ方が有利**</u>となります(法人税の税率は15％で計算)。

40　第2章 設立の流れ

【2】 Bパターン（収益事業が儲かっている）

同様に、A事業は収益事業に該当する事業（法人税が課税される）、B事業は収益事業に該当しない事業（法人税が課税されない）であるとします。

	A事業 **収益事業**	B事業	共通	合計
収支差額 （利益）	700万円	▲100万円	▲400万円	200万円

非営利型の場合、収益事業の利益（A事業の利益）にだけ課税、普通型はすべての利益（合計欄の利益）に課税されるため、

非営利型　：法人税の課税対象　700万円→　**法人税105万円**
普通型　　：法人税の課税対象　200万円→　**法人税30万円**

となり、今度は非営利型ではなく<u>普通型を選んだ方が有利</u>となります（法人税の税率15％で計算）。

　<u>**一般社団法人において必ずしも非営利型が最も税務上有利であるとは限らない**</u>ということがポイントです。場合によっては、<u>**普通型の方が、税負担が少ないことも**</u>あります。

【3】 Cパターン（収益事業がない）

次に法人が行っている事業に収益事業（法人税が課税される事業）がまったくないパターンです。

	A事業	B事業	共通	合計
収支差額 （利益）	700万円	▲100万円	▲400万円	200万円

第3節 非営利型か普通型かを決める　41

非営利型 ：法人税の課税対象　　0万円　**→法人税0円**

普通型 ：法人税の課税対象　200万円　**→法人税30万円**

　<u>非営利型で収益事業を行っていない場合、法人税が課税される対象が存在せず、法人税の申告義務も生じないため、法人税額はゼロ</u>となります。そのため、法人が収益事業を行っていない場合には、税制面での有利性を考慮すると、非営利型を選択する方が賢明といえるでしょう。

【4】Dパターン（すべて収益事業）

　最後に、会費収入や寄付金収入などがなくすべて事業からの収入のみで、しかもその事業がどちらも収益事業というパターンを検討します。

	A事業 **収益事業**	B事業 **収益事業**	共通	合計
収入				
事業収入	900万円	300万円		1,200万円
収入計	900万円	300万円		1,200万円
事業経費 　●●費 　●●費	200万円	400万円		600万円
管理費(販管費)				
役員報酬			360万円	360万円
地代家賃			120万円	120万円
支出計	200万円	400万円	480万円	1,080万円
収支差額 (利益)	700万円	▲100万円	▲480万円	120万円

　この場合、法人が行っている事業はすべて収益事業になるため、「収益事業の利益＝法人のすべての利益」になります。

　　非営利型 ：法人税の課税対象　120万円→　**法人税18万円**

　　普通型 ：法人税の課税対象　120万円→　**法人税18万円**

つまり、納める税金の金額は非営利型の場合と普通型の場合とで同じということになるので、非営利型を選んでも普通型を選んでも、税務上の有利不利はないということになります。

この場合、普通型を選ぶのが一般的ですが、将来的に会費収入や寄付金収入を見込んでいる場合は非営利型を選んでもよいでしょう。

【5】 非営利型か普通型かのまとめ

ここまで、事業別の収支見込みをもとに、税制面で有利かどうかの観点から、非営利型と普通型のどちらが適しているかを検討してきました。

しかし、非営利型には特有の制約があります。たとえば、理事が3名以上必要であり、その3名が互いに親族関係であってはならないという規定です。そのため、たとえ税制面で有利であったとしても、理事の人数を増やしたくない場合や親族以外を理事に加えたくない場合には、非営利型ではなく普通型を選択するという判断も十分に考えられます。

一方で、税制上は普通型が有利であっても、法人の基本理念として非営利性を強調したい場合には、非営利型を選択するという選択肢もあります。このように、税制面での有利不利はあくまで参考程度にとどめ、最終的には法人の目的や理念に応じて、非営利型か普通型かを決定するという考え方もあり得ます。

税制上の有利不利や法人としてのスタンスを総合的に判断して、非営利型か普通型かを決定しましょう。判断が難しい場合には、詳しい専門家にご相談ください。

なお、**第1章**で説明したとおり、設立当初は普通型で開始し、後に非営利型に変更することも可能です（みなし事業年度に注意）。

ただし、逆に非営利型から普通型へ変更する場合は、多額の課税が発生する可能性があるため、慎重な検討が必要です。

第3節 非営利型か普通型かを決める　43

| 第4節 | 組織・機関の構成を決める |

前節までで、設立する一般社団法人について非営利型にするか普通型にするかを決定しました。次に、非営利型と普通型それぞれの場合で、一般社団法人の組織・機関をどのようにするか決めていきます。

非営利型か普通型か、理事会を設置するか設置しないかで計4パターンの組織構成があります。

○　非営利型・理事会あり　➡【1】へ
○　非営利型・理事会なし　➡【2】へ
○　普通型　・理事会あり　➡【3】へ
○　普通型　・理事会なし　➡【4】へ

以下、それぞれのパターンで必要な機関ごとの人数をみていきます。

【1】非営利型・理事会あり

❖ 必置の機関と人数

◉　社員：設立時2名以上
◉　理事：3名以上（うち代表理事1名以上）
◉　監事：1名以上
※　社員総会はすべての社員で構成、理事会はすべての理事で構成。

・非営利型なので、各理事について、理事とその理事の親族等である理事の合計数が理事の総数の3分の1以下であること（以下「親族3分の1以下規制」という）の制限あり。
・理事のうち、代表理事以外の理事を業務執行理事として選定可能。

44　第2章 設立の流れ

・理事は社員を兼ねることが可能。

・監事は社員を兼ねることが可能。

・法人が社員になることは可能だが、法人が理事や監事になることは不可。

【2】非営利型・理事会なし

❖ 必置の機関と人数

◉　社員：設立時2名以上

◉　理事：3名以上

※　社員総会はすべての社員で構成。

・非営利型なので、各理事について親族3分の1以下規制の制限あり。

・理事の中から代表理事を選定可能。

・理事は社員を兼ねることが可能。

・法人が社員になることは可能だが、法人が理事になることは不可。

【3】普通型・理事会あり

❖ 必置の機関と人数

◉　社員：設立時2名以上

◉　理事：3名以上（うち代表理事1名以上）

◉　監事：1名以上

※　社員総会はすべての社員で構成、理事会はすべての理事で構成。

・理事のうち、代表理事以外の理事を業務執行理事として選定可能。

・理事は社員を兼ねることが可能。

・監事は社員を兼ねることが可能。

・法人が社員になることは可能だが、法人が理事や監事になることは不可。

第4節 組織・機関の構成を決める　45

【4】普通型・理事会なし

❖ 必置の機関と人数

◉ 社員：設立時2名以上

◉ 理事：1名以上

※ 社員総会はすべての社員で構成。

・理事の中から代表理事を選定可能。

・理事は社員を兼ねることが可能。

・法人が社員になることは可能だが、法人が理事になることは不可。

　いずれの場合も、実質オーナーがいる場合は、そのオーナーが社員になり代表理事にも就任するのが一般的です。

第5節 役員等の人選

　組織や機関の構成が確定した後は、社員や役員を選定するという重要なステップが待っています。

　ここでは、この選定のプロセスを、非営利型や普通型、理事会の有無にかかわらず、以下の2つのタイプに分類して解説します。

【1】オーナー主導型の一般社団法人の場合

（1）社員総会における議決権割合

　一般社団法人という法人形態でビジネスを始めたいときは、オーナーがビジネスのノウハウや資金を提供し、活動を主導する、いわゆるオーナー主導型の一般社団法人を設立するのが一般的です。

❖ オーナー主導型一般社団法人のポイント

> ◉社員総会でのオーナーの議決権割合をできる限り高くする。
> 　（できれば議決権割合3分の2超に。）

　一般社団法人を設立する際には、最低でも2名の社員が必要です。また、原則として社員総会における議決権は社員1名につき1個が割り当てられます。オーナー主導型の一般社団法人を2名の社員（そのうち1名がオーナー）で設立し、議決権が各社員1個ずつにした場合、オーナーの保有する議決権は全体の50％に相当します。

　社員総会の**普通決議は、「総社員の議決権の過半数を有する社員が出席し、かつ出席した社員の議決権の過半数をもって行う」**と定められています。このため、オーナーが50％の議決権を保有している場合でも、もう1名の社員

と意見が対立してしまった場合、オーナー単独では有効な社員総会を開催することができなくなります。議決権の過半数を有する社員が出席していないため、社員総会の開催条件を満たせないためです。

さらに定款の変更など重要な事項に関する、いわゆる**特別決議は「総社員の半数以上であって、総社員の議決権の3分の2以上に当たる多数」**での決議が必要になります。

したがって、オーナーがその一般社団法人の重要事項も自分の意向どおりに決定したい場合には、社員総会の議決権の3分の2以上をコントロールできる状態にしておきましょう。

（2）社員の人選

以上の理由から、オーナー以外の社員については、可能な限りオーナーと意見の対立が生じにくく、オーナーの意向に賛同しやすい人物を選定することが重要です。具体的には、オーナーの親族を社員とする、あるいはオーナーが100％株主である株式会社を所有している場合、その株式会社を社員に加えることも有効な方法といえます。

親族ではないビジネスパートナーを社員に加えるケースもよく見受けられますが（特に非営利型の一般社団法人において、自分以外の理事2名を社員としていることが多々ある）、このような状況でビジネスパートナー2名と意見が対立した場合、社員総会における議決権はオーナーが3分の1、ビジネスパートナー2名が合計3分の2を保有することになります。結果として、オーナーが理事として再任されない、あるいは解任されてしまうリスクも考慮しなければなりません（一般社団法人の乗っ取りリスク）。

（3）一般社団法人の乗っ取り対策

オーナー主導型一般社団法人で、オーナーが社員総会の議決権の3分の2以上を確保するための具体的な方法を3つ挙げます。

方法①	設立時に社員になったオーナー以外の社員全員に設立後すぐに辞任してもらう。
	⇒辞任後はオーナーの議決権100%
方法②	オーナーと、オーナーが100%株主である株式会社の2名のみを社員にする。
	⇒オーナーの議決権は実質100%
方法③	オーナーともう1名の社員に基本議決権を1個ずつ付与、さらに基金の拠出額に応じて追加議決権を付与する。
	⇒例えば、追加議決権をオーナーにのみ2個付与すれば、オーナーの議決権3個・もう1名の社員の議決権1個で、オーナーの議決権は75%（3分の2以上）

　①は（オーナー以外の全社員の合意をとりつけられている限りにおいて）手軽ですが、オーナーが死亡した際の一般社団法人解散リスクが生じます。既に会社を持っている（100%の株式を保有し、代表取締役を務める株式会社を所有している）のであれば、②によって実質的には1人社員で一般社団法人を設立できますが、誰でもこの方法をとれるわけではありません。そのため、③がいちばんお勧めといえます。

　③については、特別決議の要件「総社員の半数以上」をクリアするために、**オーナー以外の社員は1名のみにしておくことも重要なポイント**です（オーナー以外の社員が2名以上いると、オーナーだけでは特別決議における「総社員の半数以上」の要件を満たすことができない）。

（4）理事の人選

　オーナー主導型の一般社団法人においては、非営利型と普通型の両方が考えられます。非営利型の場合、オーナー以外に最低でも2名の理事が必要ですが、非営利型の要件から、親族を理事に任命することはできないため、ビジネスパートナーや活動に賛同する方に理事として参加してもらうことが一般的です。

　もし、そのような適任者がいない場合には、友人や学生時代の先輩・後輩

に理事就任を依頼することもひとつの選択肢となるでしょう。

さらに、友人や先輩・後輩に理事就任をお願いする際には、定款の規定に基づき、理事会の決議による損害賠償責任の一部免除や責任限定契約の導入を検討することも有益かもしれません。

普通型の場合、理事は1名でもよいため、オーナーが単独で理事を務めるか、ビジネスや活動をサポートしてくれる親族を理事に任命することも可能です。

(5) 監事の人選

非営利型でも普通型でも、理事会を設置する場合は監事を必ず選任しなければなりません。また、理事会を設置しない場合でも、任意で監事を置くことが可能です。

非営利型では、理事に関して親族が3分の1以下でなければならないという要件がありますが、監事にはそのような制限はありません。そのため、非営利型の場合でもオーナーの親族を監事に任命することができます。

法人が適切に運営され、ガバナンスがしっかりと機能していることをアピールするために監事を設置するのであれば、公認会計士や税理士といった会計の専門家、あるいは弁護士などの法律の専門家に監事を依頼することも一案です。

【2】民主運営型の一般社団法人の場合

この形態こそが、ある意味で一般社団法人の本来の姿といえるかもしれません。特定の目的を持った個人や法人が集まり、法人格を取得して一般社団法人として運営するケースです。

例えば、業界団体が業界の発展や地位向上を目的に一般社団法人を設立する場合や、都道府県のスポーツ団体が集結して、日本国内での特定スポーツの普及や振興を目指す一般社団法人を設立する場合、高校や大学の同窓会が運営や会計面での透明性を確保するために一般社団法人を設立する場合など、さまざまな形でこの「民主運営型」の一般社団法人が存在しています。

❖ 民主運営型一般社団法人のポイント

> ◉できるだけ多くの関係者に社員として加わってもらい、当事者意識を
> 共有する

　オーナー主導型の一般社団法人では、社員の人数をなるべく少なく抑える
ことが重要でしたが、民主運営型ではその逆です。できる限り多くの人々や
法人に当事者意識を持ってもらい、法人の活動に積極的に参加してもらうこ
とが求められます。
　当事者意識を育むための最もシンプルな方法は、社員として議決権を付与
し、社員総会への参加を促すことです。

（1）社員の人選
　民主運営型の一般社団法人においては、**正会員となった個人や法人を社員
にすることが最も一般的な手法**です。正会員には会費の支払いが義務付けら
れ、一定期間会費が支払われなかった場合には、正会員の資格を喪失すると
いう制度を採用している法人も多く見られます。
　任意団体から一般社団法人へ移行する際に、社員となるべき個人や法人（＝
正会員）の数が多い場合、設立時の社員は2名程度に留め、設立登記手続き
を円滑に進めることが一般的です。その後、一般社団法人の設立登記が完了
した段階で、正会員の入会手続きを行うことで、任意団体から一般社団法人
への移行をスムーズに進めることが可能です。
　また、**一般社団法人設立後に正会員の数があまりに多すぎる場合には**、正
会員の中から一定数ごとに1名の代議員を選出し、その代議員を一般社団法
人の社員とする、いわゆる**代議員制を採用することもあります**。これにより、
社員総会の運営を円滑に進めることが可能となります。

（2）理事の人選
　民主的に理事を選出する方法としては、正会員（社員）の中から選挙によっ
て理事を選ぶという手法があります。しかし、選挙を行うと手間がかかるだ
けでなく、会員間の関係がぎくしゃくしてしまう懸念もあります。そのよう

な場合には、現在の理事や事務局の立場から推薦された理事を、社員総会で審議・承認するという方法も考えられます。

民主運営型の一般社団法人では、理事は正会員（社員）の中から選任されることが一般的ですが、近年では株式会社の社外取締役のように、外部の視点を取り入れたりガバナンスを強化する目的で、外部の有識者を理事に加えるケースも増加しています。

非営利型でも普通型でも、理事の人数があまりに少ない場合、「一部の人だけで運営されている組織」という印象を与え、正会員（社員）から反発が生じる可能性があります。実際に業務に携わることができる理事の人数が限られている場合でも、理事会の構成員として理事の数を増やすなどして、民主的な運営が行われているという印象を与える組織形態にすることが求められます。

（3）監事の人選

民主運営型の一般社団法人では、法人運営の透明性が確保され、ガバナンスが適切に機能することで、正会員（社員）が安心して活動に参画できるようになります。そのため、理事の業務執行や法人の会計をチェックする監事の役割が非常に重要です。

民主運営型の一般社団法人の監事には、理事の業務執行が適正か、理事が作成した計算書類（決算書など）が正確かを判断できる専門性が求められます。したがって、オーナー主導型の一般社団法人の場合以上に、公認会計士や税理士といった会計の専門家、あるいは弁護士などの法律の専門家に監事を依頼する必要性が高いといえるでしょう。

もし法人の正会員（社員）の中にそのような専門家がいる場合には、その人物に監事を依頼することが望ましいのですが、専門家がいない場合には、正会員（社員）以外の専門家に監事を依頼することを躊躇すべきではありません。

第3章

定款を作成する

　一般社団法人の設立にあたっては、登記の申請の際、定款の添付が必要です。

　本章では、定款を作成し、作成した定款に公証人の認証を受けるまでの手続をみていきます。

第1節 定款作成の全体の流れを把握する

　まずは、定款作成全体の流れをみていきましょう。

　一般社団法人は「その主たる事務所の所在地において設立の登記をすることによって成立する」とされていますが（一般法人法22）、その設立の登記の申請の際、公証人の認証を受けた定款を添付する必要があります。

　この**第3章**では、定款を作成し、作成した<u>定款に公証人の認証を受ける</u>までの手続きを知ることがゴールです。

❖ 定款作成全体の流れのイメージ

【1】　設立時社員を2名以上決める
　　▼
【2】　定款の内容を決める
　　▼
【3】　公証役場で定款の事前チェックを受ける
　　▼
【4】　定款へ押印する
　　▼
【5】　公証役場で定款認証を受ける

【1】設立時社員を2名以上決める

　最初に、設立時社員になる人を2名以上決めます。

　これは、一般法人法10条1項に「一般社団法人を設立するには、（略）設立時社員（略）が、共同して定款を作成し、その全員がこれに署名し、又は記名押印しなければならない」とあるためです。「共同して定款を作成し」と規定されているため、必ず2名以上の設立時社員を決めなければなりませ

54　第3章 定款を作成する

ん。

　なお、法律上、社員に資格要件はありません。個人だけでなく、会社や一般社団法人等の法人が社員になることも可能です。

【2】 定款の内容を決める

　次に、定款の内容を決めます。

　法律上、一般社団法人の定款に必ず定めないといけない事項は、(1)目的、(2)名称、(3)主たる事務所の所在地、(4)設立時社員の氏名又は名称及び住所、(5)社員の資格の得喪に関する規定、(6)公告方法、(7)事業年度の7項目に限られますが（一般法人法11①）、実務上はもっと多岐にわたります。

　筆者のもとにも、定款の内容決めを疎かにしてしまったがゆえに、「設立後に定款変更し、それを登記するのに余計なお金をたくさん払うことになってしまった……」「非営利型の一般社団法人にしたかったのに、定款上非営利型の要件が満たされていなかった……」という相談があるものです。

　定款内容の詳細は後述します。

【3】 公証役場で定款の事前チェックを受ける

　定款内容がすべて決まったら、定款認証を受ける公証役場に連絡をして、作成した定款の事前確認をしてもらいます。

　一般社団法人の定款の認証をする公証人は、設立する一般社団法人の主たる事務所の所在地を管轄する法務局または地方法務局に所属する公証人に限定されます。

　公証人からのアドバイスに従い、必要に応じて定款を修正し、定款内容を確定させます。

　基本的に、これ以降は定款の内容については変更をしません。どうしても変更する必要がある場合は、変更箇所を伝えたうえで、再度公証人の事前確認を受けましょう。

第1節 定款作成の全体の流れを把握する　55

【4】定款へ押印する

　定款内容を確定したら、定款を製本したうえで、設立時社員全員で定款への押印と契印をします。

【5】公証役場で定款認証を受ける

　定款への押印を終えた後は、いよいよ公証役場での定款認証です。
定款の認証とは、公証人が、その定款が正当な手続により作成されたことを証明することをいいます。

　設立時社員の全員で定款認証を受けることもできますが、設立時社員のうちの1名が他の社員全員を代理して認証を受けることや、設立時社員の全員から委任を受けた第三者が公証役場で認証を受けることも可能です。

第2節 設立時社員を決める

　繰り返すようですが、最初に設立時社員を2名以上定めます。

　法人の設立後、設立時社員は、設立された一般社団法人の社員になります。社員は、理事や監事と異なり、一般社団法人の役員ではありませんが、一般社団法人の社員総会を構成するメンバーです。

　理事会を設置しない一般社団法人では「社員総会は、この法律に規定する事項及び一般社団法人の組織、運営、管理その他一般社団法人に関する一切の事項について決議することができる。」と規定されており（一般法人法35①）、法令・定款の定めに反しない限り、設立した一般社団法人に関するすべての事項について社員総会で決議することができます。

　また、理事会を設置する一般社団法人では「理事会設置一般社団法人においては、社員総会は、この法律に規定する事項及び定款で定めた事項に限り、決議をすることができる。」と規定されていて（一般法人法35②）、理事会を置かない一般社団法人に比べて原則その権限を制限されているものの、定款で定めることで結局のところ法令・定款の定めに反しない限り設立した一般社団法人のあらゆる事項について決議することができます。

　そして、社員総会において社員は原則1人1個の議決権を持ちます（定款で別段の定めは可能）。したがって、**誰が社員になるかというのは、一般社団法人にとって最重要といっても過言ではない決めごと**になります。

　以下、どのような点に注意しながら設立時社員を決めていけばよいかをみていきます。

【1】 まずは自分が設立時社員になる

　あなたが一般社団法人の設立を検討しており、法人を設立して何かやりたいことが既にあるのであれば、まずはご自身が1人目の設立時社員になることをお勧めします。

設立時社員は一般社団法人の設立後、社員になることは上記のとおりです。社員とは社員総会のメンバーの構成員であり、社員総会は一般社団法人のあらゆる事項について決議権限を有する法人の最高意思決定機関です。

やりたいことを実現するためには、社員総会で発言力を持つことがとても重要になるので、自身が1人目の設立時社員になるべきでしょう。

なお、設立時社員になったからといって、役員である理事になる必要はありません。仮に、いま勤めている会社等の規定上、他の法人の役員になることが禁止されていたとしても、社員になることはこの規定に抵触しません。

【2】次にパートナーを決める

法律上の人数要件を満たすため、必ず自分以外にもう1名以上の設立時社員を決める必要があります。

2人目の設立時社員となる人は、設立する法人の理念に共感して積極的な協力を続けてくれる見込みの高い、パートナー的ポジションになれる人を選ぶのが理想です。

仮に設立時社員2名でスタートする場合、自分とパートナーの社員総会での議決権は1：1となります（ただし、定款で別段の定めは可能）。法人設立後に意見が対立して社員総会での決議が成立できなくなったり、そもそも社員総会に参加してもらえないので定足数要件不足で社員総会が開催できなくなったりというようなことがないよう、同じ理念を持って法人を支え続けてくれるパートナーを2人目の設立時社員に選びましょう。

【3】設立時社員を増やし過ぎない

なお、設立時社員を3名以上とすることも可能です。

筆者への設立登記手続の依頼の中には、「10人以上協力してくれると言っている人がいるから、全員社員にしようと思っています」などという方もいますが、このような場合は、本当に全員を設立時社員にしてよいのかということを確認しています。設立時社員の人数が増えることで、次のようなリスクがあるからです。

（1）定足数不足で社員総会が開けなくなる

設立するタイミングではやる気満々だった協力者が、1年後、3年後、10年後にも同じ気持ちでいてくれるとは限りません。

「役員任期が切れてしまったから社員総会を開催して役員の選任をしたいが、社員のメンバーが集まらず、社員総会が開催できない」という相談に来る方もいるものです。

（2）社員総会での議決権が薄まる

「設立当初はみんなで仲よく法人を設立したものの、法人を運営する中で、意見の対立が多くなってきた。気付けば社員総会の中で自分の方が少数派になってしまい、ついには理事に選任されなくなってしまった……」ということもあります。

株式会社の株主総会と一般社団法人の社員総会はよく似ているものの、株主が出資金額に応じて議決権を持つのに対し、社員は原則1人1議決権という点で異なっています。株式会社では周りの株主からどんなに嫌われようと、自分が株式の過半数を有している限り株主総会での影響力は揺るぎませんが、一般社団法人ではたとえ自分が中心になって設立した法人であっても、自分が少数派になってしまえば社員総会で意見を通すことはできません。

とはいえ、せっかく協力してくれるというメンバーをないがしろにするのはもったいないことですので、後述する会員制度を使って社員総会での議決権を持たない会員として関わってもらうことや、積極的に法人に関与してくれそうな人であれば理事等の役員になってもらうことも検討しましょう。

【4】どうしても2人目の設立時社員が決まらないときは

どうしてもパートナーが決まらないときは、近しい親族に相談をして設立時社員になってもらうことを検討しましょう。

ただし、設立時社員には以下の責任が伴いますので（一般法人法23、24、26）、親族に設立時社員になってもらう場合でも、どのような法人を設立するのか、設立時社員になるとどのような責任を負うのかについてしっかりと説明をしたうえで進めましょう。

第2節 設立時社員を決める　59

❖ 設立時社員の責任

① 任務懈怠により一般社団法人に損害が生じた場合の、一般社団法人への損害賠償責任。

② 悪意や重過失により第三者に損害が生じた場合の、第三者への損害賠償責任。

③ 上記①②いずれかの場合において、他の設立時社員、設立時理事、設立時監事も同じ損害賠償責任を負う場合の、連帯債務者としての責任。

④ 一般社団法人が成立しなかった場合、設立に関してした行為に対する責任および設立に関して支出した費用の負担。

　また、非営利型の一般社団法人を設立する場合、設立時社員になってもらう親族を理事にも入れてしまうと、非営利型法人の「各理事について、理事とその理事の親族等である理事の合計数が、理事の総数の3分の1以下であること」の要件を満たすのが厳しくなってしまうので、注意をしましょう。社員が理事をも兼任する必要はありません。

　なお、法人の設立後に親族の事情で社員を続けるのが難しくなった場合、親族が社員として退社し、社員が自分1人になっても法人の解散事由には該当しません。法人設立後は、社員が1人になることが許容されています。ただし、社員が0人になると法人は強制的に解散となってしまうので、自身の死後も法人を存続させたいという思いがある場合は、不測の事態に備えて社員の構成を考えておく必要があります。

第3節　名称を決める

　ここでは、法人の「名称」（商号。一般社団法人の名前）についてみていきます。名称を決めるにあたっては、ルールがあります。

【1】名称を決める際のルール

（1）法人の種類を入れる

　一般社団法人を設立する場合、その名称に必ず「一般社団法人」という言葉を使用しなければなりません。

　世間では「一般社団法人●●」と頭につけている法人の方が多い印象ですが、「●●一般社団法人」と末尾につけても問題ありません。

　なお、「一般財団法人」「株式会社」等、一般社団法人以外の法人と誤認されるおそれのある文字を使用することはできません。

（2）使用できる文字

　一般社団法人の名称に使用できる文字は、次のとおりです（一般社団法人等登記規則3、商業登記規則50、平成14年7月31日法務省告示315号）。

①ひらがな、カタカナ、漢字
②ローマ字（大文字および小文字）
③アラビア数字
④次の記号
　「＆」（アンパサンド）　／　「'」（アポストロフィー）　／「,」（コンマ）
　／　「-」（ハイフン）　／「.」（ピリオド）　／　「・」（中点）

　なお④記号は、日本文字を含む字句を区切る際の符号として使用する場合

第3節　名称を決める　61

に限り、用いることができます。また「.」（ピリオド）については、省略を表すものとして名称の末尾に用いることもできます。

上記のほか、スペース（空白）は原則使用できませんが、ローマ字を用いて複数の単語を表記する場合に限り、当該単語の間を区切るために使用することができます。

なお、スペースも含め、登記上はすべて全角で登記されます（登記上、半角の使用は不可）。

（3）同一所在場所における同一の名称の登記の禁止

滅多にありませんが、「主たる事務所」として登記をしようとする住所に同一名称の一般社団法人が存在する場合は、登記をすることができません（一般法人法330、商業登記法27）。

【2】名称の調査

同一住所かつ同一名称の一般社団法人が存在しない限り、登記は受理されます。

しかし、他の法人が使用する名称と同一の名称や類似する名称を使用した場合に、不正競争防止法などの法律を根拠に、他の法人から名称の使用差止めや損害賠償の請求を受けてしまうリスクがあります。

このような事態を避けるため、名称を最終決定する前に名称の調査をしておきましょう。調査には、国税庁の法人番号公表サイト[11]が便利かつ手軽です。細かい住所まで指定することもできるため、法人設立予定の近隣住所に類似する名称の法人が存在しないかも調査できます。

---

[11] https://www.houjin-bangou.nta.go.jp/

第4節 主たる事務所の所在地を決める

「主たる事務所」とは、一般社団法人の住所のことです（一般法人法4）。会社の場合は本店といいますが、一般社団法人の場合は主たる事務所といいます。

【1】 主たる事務所の所在地と主たる事務所の所在場所の違い

法律上、主たる事務所の「所在地」と、主たる事務所の「所在場所」とは、区分して使用されています。

○**主たる事務所の所在地**
「千葉県浦安市」のように市区町村までの特定でもＯＫ。
○**主たる事務所の所在場所**
「千葉県浦安市北栄○丁目×番△号」のように具体的な住所の特定が必要。建物名や部屋番号等の方書も特定する場合は、続けて「○○ビル101号室」等と記載する。

【2】 定款への記載は主たる事務所の所在地

このうち、定款で必ず定めることとされているのは、主たる事務所の所在地です。

主たる事務所の所在地に具体的な住所（例：当法人は、主たる事務所を千葉県浦安市北栄○丁目×番△号に置く）まで記載することもできますが、設立後の運営のことを考え、市区町村までの特定（例：当法人は、主たる事務所を千葉県浦安市に置く）にとどめましょう。

なぜなら、市区町村内で主たる事務所を移転することになった場合、たとえば自宅を主たる事務所にしていた場合に市内の近所に引っ越しをするよう

なケースで、主たる事務所の所在地を市までの特定としていれば理事の過半数の決定（理事会設置法人の場合は、理事会の決議）で主たる事務所を移転できますが、主たる事務所の所在地を具体的な住所まで特定していると、その移転のために社員総会を開催して定款変更の決議を行わなければならないからです。この定款変更の社員総会決議は、通常の決議よりも決議要件が厳しくなっています（一般法人法49②四）。

なお、特別区である東京23区については、東京都千代田区というように区までの特定が必要になりますが、政令指定都市の行政区については特定の必要はありません。

【3】方書（建物名や部屋番号）を登記するかどうか

ビルやマンションの1部屋を借りて法人をスタートする場合は、方書（住所の建物名や部屋番号）を登記するかどうかを検討しましょう。方書を登記するかどうかは任意です。

仮に「千葉県浦安市北栄○丁目×番△号鈴木ビル201号室というビルを主たる事務所として利用する場合、登記上は次のいずれの方法で登記することも可能です。

・千葉県浦安市北栄○丁目×番△号
・千葉県浦安市北栄○丁目×番△号鈴木ビル
・千葉県浦安市北栄○丁目×番△号201号室
・千葉県浦安市北栄○丁目×番△号鈴木ビル201号室

ときには、借りているビルの名前がビルのオーナーチェンジ等に伴って変更されてしまうことがあります。建物名を登記している場合は、変更の登記を申請しなくてはなりません。自己都合ではない変更ですが、申請には登録免許税3万円がかかります。

あるいは、法人設立当初はスタッフの人数も少ないので、一番狭い201号室を借りていたものの、法人の拡大に伴い手狭になったため、より広い301

号室に移転しようというとき、部屋番号まで登記をしていたのであれば、移転に伴い変更登記を申請しなくてはなりません。やはり登録免許税3万円がかかります。

　上記いずれの場合も、方書を登記していないのであれば、変更の登記など不要です。方書を省略しても法人宛の郵便物が問題なく届くことが前提になりますが、後々の可能性を踏まえて、方書を省略することも選択肢のひとつです。

【4】代表者等の自宅を主たる事務所にする場合の注意点

　代表理事や法人の関係者の自宅を主たる事務所とするケースも多いものです。その際の注意点をみていきます。

（1）代表者等の自宅が賃貸不動産の場合

　居住用として借りている不動産は通常、事業としての使用を想定しておらず、主たる事務所として登記することも含めて事業としての利用を禁止しているのが一般的です。

　設立手続きにおいては公証役場や法務局で事務所の利用権限を確認されないため、手続きを進めてしまえばそのまま登記できてしまいますが、貸主との契約に違反して登記をしてしまうと将来的に貸主とのトラブルになるおそれがあります。

　自宅の賃貸不動産を主たる事務所にしたい場合、まずは賃貸借契約書の内容を確認し、必要に応じて管理会社や貸主に事前に相談をして進めましょう。

（2）代表者等の自宅が代表者等の所有する分譲マンションの場合

　この場合も、マンションの管理規約で法人の登記が禁止されているケースもあるため、問題がないか確認しましょう。

第4節　主たる事務所の所在地を決める　65

第5節 目的と事業内容を決める

　株式会社や合同会社などの登記簿では単に「目的」と登記されている箇所について、一般社団法人の登記簿では「目的等」と記載されています。会社の場合、目的部分には具体的な事業内容のみを列挙するものですが、一般社団法人の場合、まず法人の目的を記載したうえで、続けて具体的な事業内容について記載をするのが一般的です。

【1】目的等の構成

　目的等は、一般的におよそ次のような構成です。

（目的）
第●条　当法人は、○○することを目的とし、その目的に資するため、
　　次の事業を行う。
　　１　○○○○
　　２　○○○○

　「当法人は、○○することを目的とし」の箇所に目的を記載し、その下の１、２の箇所に具体的な事業内容を列挙していきます。

【2】一般社団法人の目的として許容されないもの

　一般社団法人の目的として許容されないものは、下記のとおりです。

①営利の目的（社員に利益を分配するもの）
②違法な目的または無効な目的
③目的の記載が不明確なもの

これらのうち①営利の目的について補足します。

営利の目的は「社員に剰余金又は残余財産の分配を受ける権利を与える旨の定款の定めは、その効力を有しない。」（一般法人法11②）に該当するため、許容されません。

これに対して、収益目的（収益を上げる事業を営むことを目的とするもの）は許容されています。法人が収益を上げる活動をすることはなんら問題がありません。

このことは非営利型の一般社団法人を設立する場合でも同様ですが、非営利型の一般社団法人のうち、共益的活動を目的とする法人として設立する場合には、「主たる事業として収益事業を行っていないこと」の制限があります。

【3】事業内容を決める

事業内容は、次の順で検討するとよいでしょう。

①法人設立後に直ぐに取り組む事業を書き出す
②法人設立後直ぐには取り組まないが、将来的に取り組む可能性の高い
　事業を書き出す
③将来的に取り組むかもしれない事業を書き出す

①については、必ず定款に記載しましょう。

②については、定款に記載しておくことをお勧めします。

③については、なんでもかんでも入れ過ぎてしまうと、取引先や金融機関等に対して「結局何をやりたい法人なのかわからない」というマイナスな印象を与えてしまうおそれもあるので、最初に設定した法人の目的に立ち返り、法人の目的を達成するために必要な範囲で記載するとよいでしょう。

なお、法人設立後も社員総会決議により定款変更を行うことで事業内容を追加することはできますが、この場合は登記の登録免許税3万円がかかります。余計な支出・手間を抑えるために、設立段階でどのような事業が想定されるかよく検討しましょう。

第5節 目的と事業内容を決める　67

【4】許認可の要否について確認をする

　定款に記載する事業内容を決めるにあたり、法人で取り組む予定の事業に許認可が必要かどうかは必ず確認しましょう。個人で許認可を取得している場合でも、法人で事業を行うには、法人設立後に法人で許認可を取得する必要があります。

　一般社団法人の場合は、福祉関連の事業を行うことを目的として法人を設立する人も多いのですが、その場合、多くのケースで設立後に指定申請や許可の取得が必要になります。

　許認可の取得にあたっては、その事業について定款に記載されているだけでは足りず、定款に記載すべき文言が詳細に指定されていることも少なくありません。また、同じ許認可を取得する場合でも、申請先の官公庁によって、定款への記載方法の指定が異なるケースもあります。

　法人設立後に許認可の取得が必要な事業を行う場合は、定款へ記載する事業内容を決定するタイミングで、許認可の申請先である官公庁のホームページ等を確認し、必要があれば許認可の申請先へ問い合わせて定款へ記載の必要な文言を確認しましょう。

【5】法人が設立時社員になる場合

　法人が設立時社員となって一般社団法人を設立する場合は、設立する一般社団法人の目的が設立時社員である法人の目的を解釈して合理的範囲内にあることが求められます。これは「法人は、法令の規定に従い、定款その他の基本約款で定められた目的の範囲内において、権利を有し、義務を負う。」（民法34）とされているためです。

　設立する一般社団法人とその設立時社員となる法人の事業内容の全部が重なっている必要はなく、一部でも重なっている部分があれば問題なく手続きできますが、具体的にどこまでが合理的範囲内であるか不安のある場合は、定款認証手続きを依頼する予定の公証役場へあらかじめ確認しましょう。

第6節 公告方法を決める

　法令で定められた事項について一般社団法人の社員、債権者その他不特定多数の利害関係人にお知らせすることを「公告」といいます。一般社団法人は、定款に公告方法を定めなければなりません（一般法人法11①六）。

【1】公告を行う主な場面

　公告を行う主な場面としては、毎年の決算確定後に行う決算公告、解散時の解散公告、吸収合併・新設合併等の合併を行う際の合併公告があります。

　このうち、法人債権者向けに行う解散公告と合併公告については必ず官報で公告を行うとともに、原則法人が把握している債権者全員に個別の催告をしなければならないとされているため、定款で定める公告方法は、決算公告を何で行うかという視点で考えることがメインになります（ただし、合併公告については、後述の日刊新聞紙か電子公告を公告方法として定めている法人は「官報＋定款の定めによる公告」を行うことによって、法人が把握している債権者全員への個別催告を省略できる）。

【2】公告方法の種類と定め方

　公告方法は下記の中から選びます（一般法人法331、一般法人法施行規則88①）。

①官報に掲載する方法
②時事に関する事項を掲載する日刊新聞紙に掲載する方法
③電子公告
④主たる事務所の公衆の見やすい場所に掲示する方法

③電子公告を選択する場合は、設立登記の申請時までに電子公告を掲載するウェブサイトのURLも準備する必要があります。URLを定款に記載する必要はありませんが、電子公告を公告方法として定めた場合には公告を掲載するウェブサイトのURLをも登記しなければならないためです（一般法人法301②十五イ）。

なお、「官報又は電子公告」というような選択的な記載は認められません。
これに対して「官報及び電子公告」と２つ以上の公告方法を定めることは可能ですが、その場合は定款に定めたすべての方法により公告をしなければ公告義務を果たしたことにならないので、１つだけ決めるようにすべきです。
また、令和７年４月１日より、官報の発行に関する法律が施行され、官報が電子化されましたが、一般社団法人の設立・登記・運営には特段の影響はありません（定款への記載方法も従来のまま）。

【3】公告方法による決算公告手続の違い

決算公告を行う際、公告方法によって、次の違いがあります。

（1）貸借対照表の全文を掲載するか、要旨で足りるか

決算公告は、定款の定めに従って、原則として貸借対照表の全文を公告しなければなりません（一般法人法128①）。しかし、公告方法について官報か日刊新聞紙を選択した場合は、貸借対照表の要旨を公告することで足ります（一般法人法128②）。

（2）公告の掲載期間

公告方法について官報か日刊新聞紙を選択した場合は、貸借対照表の要旨がそれぞれの方法で掲載されれば、公告義務を果たしたことになります。
これに対して、電子公告を選択した場合は掲載する貸借対照表について承認の決議を行った定時社員総会の終結の日後５年を経過する日まで（一般法人法332一）、主たる事務所の公衆の見やすい場所に掲示する方法を選択した場合は公告開始後１年を経過する日まで（一般法人法施行規則88②一）、そ

れぞれ公告を継続する必要があります。

（3）費用の要否とその金額

　電子公告は用意したウェブサイトに貸借対照表を掲載し、「主たる事務所の公衆の見やすい場所に掲示する方法」はその名のとおり主たる事務所の公衆の見やすい場所へ貸借対照表の掲示を行うだけなので、その行為自体には通常、費用はかかりません。

　これに対して、官報や日刊新聞紙で決算公告をする場合は、その掲載自体に費用がかかります。金額は、掲載の必要な貸借対照表の要旨の量によって異なります。官報公告の場合、8万1,765円（2枠）か12万2,647円（3枠）になるケースが一般的です（いずれも税込）。日刊新聞紙はどの日刊新聞紙への掲載を公告方法として定めているかによって金額が異なりますが、官報よりもかなり高額になるケースが少なくありません。

　費用面で考えると、電子公告か主たる事務所の公衆の見やすい場所に掲示する方法が優れていますが、電子公告の場合は世界中の誰からも手軽に貸借対照表全文を見られてしまうということや、公告掲載用のURLを用意する手間がデメリットになるかもしれません。

　筆者が設立手続をサポートする際は、主たる事務所の中に公衆の見やすい掲示場所を用意できる環境があるようであれば、この方法をお勧めしています。このような環境がない場合は、最も費用がかかる可能性の高い日刊新聞紙に掲載する方法は避け、官報公告と電子公告のいずれかで検討することを提案しています。

第7節 社員の資格の得喪に関する規定を決める

　社員の資格の得喪に関する規定とは、法人設立後に法人の社員になろうとする者がどのようにして社員の資格を得て、社員であるものがどのようにして社員資格を喪失するのかについての規定です。この社員の資格の得喪に関する規定も、定款に必ず定めなければなりません（一般法人法11①五）。

【1】入社に関する規定

　一般法人法上、入社条件に関する制限はなく自由に定めることが可能です。単に法人所定の申込書を提出することで入社できるように定めることも可能ですが、社員は社員総会を構成する法人にとっての重要なメンバーであるため、誰でも社員になれるような定款設計は法人にとってリスクが大きいのです。

　次のように「申込み＋法人側の承認」という設計にしておきましょう。

（入社）

第5条　当法人の目的に賛同し、入社した者を社員とする。

2　社員となるには、当法人所定の様式による申込みをし、代表理事の承認を受けなければならない。

　上記の例では承認機関を代表理事としていますが、ここを社員総会、理事会等の別機関に変更することも可能です。機動的な対応ができること、既存社員の意に反する承認がなされないことに気を付けながら、承認機関を選びましょう。

　また、入会に際して、資格条件を設けることも可能です。

　学校の同窓会であれば「社員は、○○高校の卒業生でなければならない」という条件を付けるでしょう。「社員は、歯科医師の資格を有する者でなけ

ればならない」というように、特定の資格を有する者に社員を限定すること
も可能です。

【2】退社に関する規定

退社には、任意退社と法定退社があります。

(1) 任意退社

任意退社とは、社員が自らの意思で法人から退社することです。

任意退社については「社員は、いつでも退社することができる。ただし、
定款で別段の定めをすることを妨げない。」（一般法人法28①）と規定されて
おり、別段の定めとして「社員は、いつでも退社することができる。ただし、
1か月以上前に当法人に対して予告をするものとする。」のように予告を必
要とするよう定めるのが一般的です。どのくらい前からの予告を必要とする
かは、法人の運営上支障が出ない期間を考えて決定しましょう。

ただし、この別段の定めをした場合でも退社を希望する社員に退社につい
てのやむをえない事由があるときは、いつでも退社することができます（一
般法人法28②）。

(2) 法定退社

法定退社とは、社員自らの意思とは関係なく、法律上定められた事由の発
生により、社員が当然にその地位を失い、退社することです。

法定退社には次のものがあります（一般法人法29条）。

○　定款で定めた事由の発生
○　総社員の同意
○　死亡または解散
○　除　　名

上記のうち、定款で定めた事由として「失踪宣告を受けたとき」「（会費を
支払う定めがある場合に）○年以上会費を滞納したとき」等が定められてい

るのが一般的です。

　以前は、「成年被後見人又は被保佐人になったとき」という定めが置かれているケースもよくありましたが、令和３年３月１日施行の法改正により、一般社団法人の役員の欠格事由から「成年被後見人若しくは被保佐人又は外国の法令上これらと同様に取り扱われている者」が削除されたことに伴い、法改正の趣旨から成年被後見人・被保佐人になったことを欠格事由とするのが適当ではないとされ、現在は公証役場の提供する定款ひな形からもその文言が削除されています。

【3】会員制度を導入する場合

　第２節【3】で前述のとおり、社員総会の構成メンバーである社員の人数が増えすぎると、「定足数不足で社員総会の決議ができない」、「コアメンバーの社員総会での議決権が薄まる（最悪法人が乗っ取られてしまうかも？）」などの不都合があります。

　一方で、主に会費収入によって運営をする一般社団法人では、会費を負担してもらうメンバーの人数は多い方がよいでしょう。

　議決権を持つ社員はコアメンバーに限定しつつ、広く会費を集めたいという矛盾を解消するために、会員制度が活用できます。

　以下に、会員制度を導入する際の定款記載方法の一例をご紹介します。

　最初に会員の種別を記載します。会員種別は自由に設定することができるので、設立する法人の実情に合わせて、種別の数や名称を決めましょう。正会員をもって一般法人法上の社員とするのが一般的です。

（会員の構成）

第〇条　当法人の会員は、次の２種とし、正会員をもって、一般社団法人及び一般財団法人に関する法律（以下「一般法人法」という。）上の社員とする。

⑴　正会員　当法人の目的に賛同して入会した個人又は団体

⑵　賛助会員　当法人の事業を賛助するために入会した個人又は団体

次に入会方法について記載します。会員の種別ごとに申込方法や承認機関を定めることができます。

　筆者が定款作成の支援をする場合は、下記例のように、社員総会の構成メンバーとなる正会員の承認機関は社員総会として、既存の社員総会メンバーの知らないところで社員総会メンバーが増えてしまうことのない設計とするように提案しています。

（入会）
第〇条　正会員として入会しようとする者は、当法人所定の様式による申込みをし、社員総会の承認を受けなければならない。
2　賛助会員として入会しようとする者は、当法人所定の様式による申込みをし、代表理事の承認を受けなければならない。

　続けて入会金、会費等の規定について定めます。

（入会金及び会費）
第〇条　正会員は、社員総会において別に定める入会金及び会費を納入しなければならない。
2　賛助会員は、社員総会において別に定める賛助会費を納入しなければならない。

　こちらも会員の種別ごとにその内容を定めることができます。

　上記例では、正会員に入会金と会費を、賛助会員に賛助会費を負担させる旨の設計になっていますが、下記例のように、正会員には法人運営に必要な経費を、賛助会員には入会金と会費を負担させる旨の設計とすることもできます。この場合は、「（入会金及び会費）」の箇所を「（経費等の負担）」と置き換えましょう。

第7節　社員の資格の得喪に関する規定を決める　75

（経費等の負担）

第○条　正会員は、当法人の目的を達成するため、それに必要な経費を支払う義務を負う。

2　賛助会員は、社員総会において別に定める入会金及び会費を納入しなければならない。

　ここで紹介した方法で会員規定を設けた場合、通常の定款で社員と記載されている箇所について、会員や正会員という文言に置き換える必要があるので、注意しましょう。

　詳しい記載方法については、「**定款サンプルⅡ**」（95頁）をご参照ください。

第8節 事業年度を決める

事業年度とは、法人の会計についての時間的な区切りのことです。

事業年度は必ず定款に記載しなければなりません（一般法人法11①七）。

【1】 事業年度のルール

1年の間に複数回の事業年度を定めることも可能ですが、1事業年度は1年間で設定するのが一般的です。年に複数回の事業年度を定めた場合、法人税の申告もその回数だけ行う必要があるので、特別の事情がない限り、事業年度は年1回と定めましょう。

各事業年度の末日を決算日といいます。

個人事業主の場合、事業年度は一律に1月1日から12月31日と定められているため、決算日は必ず12月31日になります。

これに対して、一般社団法人の事業年度をいつにするかは自由に決めることができます。たとえば、事業年度を7月1日から6月30日と定めることもでき、この場合は6月30日が決算日となります。

【2】 事業年度を決める際に注意すべきこと

（1） 設立日と決算日との兼ね合い

筆者が設立手続の相談を受ける際は、設立日がいつになるかということから、相談者に決算日を検討してもらうことが多くあります。

仮に設立日が7月1日、決算日を7月31日とした場合、事業年度の第1期が1か月で終了してしまうことになり、売上の有無にかかわらず通常設立した年の9月30日までに初回の法人税申告が必要になります。

第8節 事業年度を決める 77

上記のケースで決算日を6月30日に設定していた場合には、初年度を丸々1年（7月1日から6月30日まで）とすることができて、初回の法人税申告期日も1年以上先になります。

　法人設立直後の忙しい時期に法人税申告期限が来るのは困るという場合は、設立日と決算日の間隔を意識しましょう。

（2）繁忙期と法人税申告業務の兼ね合い

　決算日の2か月後（翌々月の末日）が法人税の申告期限となります。

　申告の準備には時間を要します。法人の主たる業務の繁忙期が読める場合は、決算日から申告期限までの時期と繁忙期とがなるべく被らないように設定しましょう。

（3）顧問税理士との兼ね合い

　一般社団法人の税務は複雑なため、法人設立後に税理士に税務顧問を依頼するケースも多いでしょう。

　顧問を依頼する予定の税理士が決まっている場合は、決算日についてその税理士とあらかじめ相談をしておくのが理想です。顧問を依頼する予定の税理士の繁忙期と法人税の申告準備の時期が被らないようにすることで、手続きをより円滑に進められる可能性が高くなります。

　顧問を依頼する予定の税理士が決まっていない場合も、個人の確定申告時期（2月中旬～3月中旬）は多くの税理士にとって非常に忙しい時期であるため、法人税の申告準備の時期がこの期間と重ならないように設定しておくと、顧問税理士を探す際に相談しやすくなるでしょう。

第9節 非営利型・普通型を決める

　設立する一般社団法人が非営利型なのか普通型なのかによって、定款設計が異なります。

　また、非営利型とする場合でも、非営利性が徹底された法人にするか、共益的活動を目的とする法人にするかによって定款の設計も異なります。

　普通型の一般社団法人では特に意識をする必要がありませんが、非営利型の一般社団法人にする場合は漏れのないように定款設計をしましょう。

【1】非営利性が徹底された法人の定款設計

　次の2つを必ず定款に定める必要があります。

（1）剰余金の分配を行わないこと

　具体的には、下記のように記載します。

（剰余金の不分配）

第●条　当法人は、剰余金の分配を行わない。

（2）解散したときは、残余財産を国・地方公共団体や一定の公益的な団体に贈与すること

　具体的には、下記のように記載します。

（残余財産の帰属）

第●条　当法人が清算をする場合において有する残余財産は、社員総会の決議を経て、公益社団法人及び公益財団法人の認定等に関する法律5条20号に掲げる法人又は国若しくは地方公共団体に贈与するものとする。

また、「各理事について、理事とその理事の親族等である理事の合計数が、理事の総数の3分の1以下であること。」という要件があるため、定款の役員選任に関する条項に「各理事について、当該理事及びその配偶者又は3親等内の親族（これらの者に準ずるものとして当該理事と政令で定める特別の関係にある者を含む。）の合計数は、理事の総数の3分の1を超えてはならない。」という規定を置くのが一般的です。

【2】 共益的活動を目的とする法人の定款設計

　共益的活動を目的とする一般社団法人は、学校の同窓会を法人化するとき等によく利用されます。共益的活動を目的とする法人を設立する際は、定款の定めについて次のことに注意しましょう。

○会員に共通する利益を図る活動を行うことを目的としていること
○定款等に会費の定めがあること
○主たる事業として収益事業を行っていないこと
○定款に特定の個人または団体に剰余金の分配を行うことを定めていないこと
○解散したときにその残余財産を特定の個人または団体に帰属させることを定款に定めていないこと

　また、共益的活動を目的とする法人についても「各理事について、理事とその理事の親族等である理事の合計数が、理事の総数の3分の1以下であること。」という要件があるため、非営利性が徹底された法人の方へ記載した規定と同一の規定を設けるのが一般的です。

第10節　機関設計を決める

　機関とは、法人の運営や管理に関わる特定の役割を担った個人や組織のことです。一般社団法人では、社員総会と理事が必置機関となります。また、定款で定めることにより、理事会、監事、会計監査人を置くことができます。会計監査人を置くケースは稀なので、本書では説明を省略します。

【1】最少人数で設立する場合

　最少人数で法人を設立する場合の機関設計は、社員総会と理事1名です。設立時社員が2名以上必要なため、設立時点では社員総会の構成員は2名となります。社員が理事を兼ねることができるので、最少人数で設立する場合の必要人数は2名となります。なお、理事が1名の場合、その理事は必然的に代表理事になります。

　最少人数で運営することの最大のメリットは、意思決定が迅速に行えるため、機動的な運営が行えることです。デメリットとしては、理事を担う人に責任と権限が集中してしまうため不測の事態が起きた際に法人の機能が完全に停止してしまうリスクがあることや、理事の職務執行を監査する機能に乏しいことです。

　理事が1名の場合、理事は自ら業務執行の意思決定を行い、業務を執行します（一般法人法76①）。

【2】理事会を置かずに複数名の理事で設立する場合

　理事会は置かず、理事を複数名にして法人を設立するケースも多くあります。

　非営利型の一般社団法人として設立する場合には「各理事について、理事とその理事の親族等である理事の合計数が、理事の総数の3分の1以下であ

第10節　機関設計を決める　81

ること。」の要件があるため3名以上の理事が必要になりますが、この場合でも理事会を設置することまでは求められていないため、理事会を置かずに複数名の理事で設立するパターンがよく選ばれます。

　なお、理事会を置かずに理事を複数名にする場合、原則各理事が代表理事になりますが、次のいずれかの方法で代表理事を選定することができます（一般法人法77①〜③）。

○定款で代表理事を定める
○定款の定めに基づく理事の互選
○社員総会の決議

　実際には各理事が代表理事となることは少なく、法人設立時の設立時代表理事は定款で定め、法人の設立後は「定款の定めに基づく理事の互選」、または「社員総会の決議」で代表理事を定めるのが一般的です。

　複数名の理事がいる場合は、理事の過半数の決定により業務執行の意思決定を行い、原則各理事が業務を執行しますが、定款で業務執行理事を限定することができます（一般法人法76条①・②）。

【3】理事会を設置して設立する場合

　一般社団法人に理事会を設置するかどうかは任意です。

　理事会を設置する場合は、必ず理事3名以上と監事1名以上が必要です。

　理事会を設置する場合、必ず代表理事を定める必要があり、法人の設立後、代表理事の選定と解職はいずれも理事会において行います。

　また、理事会を設置する場合、業務執行の意思決定も理事会で行います（一般法人法90②一）。理事会がある場合、各理事には当然には業務を執行する権限はなく、代表理事及び理事会決議によって業務執行理事に選定された理事だけが業務を執行します（一般法人法91①）。

　理事会には理事だけでなく監事も出席し、必要があるときは意見を述べます（監事には理事会での議決権はない）。

　しっかりとした合議制により業務執行の意思決定を行いたいと考える場合

は、理事会を置くとよいでしょう。

このほか、理事会を設置するということには、社員総会の権限の一部が理事会に移行するという意味合いもあります。

社員数が多く、機動的な社員総会の開催が困難な法人では、理事会を置くことをお勧めします。

理事会の設置は慎重に検討しよう

理事会を設置して法人設立をした相談者が、法人の設立後数か月も経たないうちに「監事が自己都合で辞任することになったので、手続きをお願いしたいのですが」との相談をしてきたことがあります。

「次の監事は決まっていますか？」と聞くと、「いえ、決まりそうにないので、監事自体廃止してしまってください」とのこと。

結論からいうと、このケースでは登録免許税だけで7万円の追加費用が発生してしまいます。

監事設置法人には、必ず監事を置かなければなりません（監事設置法人の定めを廃止しない限り、辞任や任期満了により退任した監事は、新たな監事が就任するまで、なお監事としての権利義務を有することとされ、監事としての仕事を続ける必要があり、また退任してもその登記を申請することもできない）ので、監事の辞任の登記を申請するには、監事設置法人の定めの廃止登記も申請しなければなりません。さらに、理事会設置法人には必ず監事を置かなければなりませんので、理事会設置法人の定めの廃止登記も申請しなければなりません。監事1名の辞任（登録免許税1万円）という事実が、監事設置法人の定めの廃止（登録免許税3万円）、理事会設置法人の定めの廃止（3万円）にまで波及してしまいます。

反対に、法人設立後すぐに「監事適任者が見つかったので、監事を就任させて、理事会を設置したい」というケースでも、やはり7万円の登

録免許税（監事就任、監事設置法人の定めの設定、理事会設置法人の定めの設定）がかかってしまいます。

　また、理事の人数要件（理事会を設置する場合は必ず3名以上の理事が必要）を割ってしまう場合も、後任者が見つからない限り理事会を廃止しなければなりません。

　法人設立時では、理事会を設置／非設置等で登録免許税額や公証役場の手数料は異なりませんが、設立後にこれらの設置や廃止をする場合には、上記のほか司法書士報酬など、多くの費用がかかってしまいます。この点も踏まえて、設立時にしっかり機関設計の検討を行いましょう。

定款サンプルⅠ
（普通型・理事会の設置なし・最少人数で設立）

一般社団法人森林を守る会　定款

第1章　総　　則

（名称）

第1条　当法人は、一般社団法人森林を守る会と称する。

　（注）名称は、必ず定款で定めます。本書第3章第3節を参照。

（主たる事務所の所在地）

第2条　当法人は、主たる事務所を千葉県浦安市に置く。

　（注）主たる事務所の所在地は、必ず定款で定めます。第3章第4節を参照。

（目的）

第3条　当法人は、持続可能な森林の管理と保護を実現することを目的とし、その目的に資するため、次の事業を行う。

　1　植樹活動及び森林再生プロジェクトの実施

　2　森林生態系に関する調査

　3　気候変動に関する研究

　4　森林保護に関するセミナー、ワークショップの企画及び運営

　5　森林保護に関する政策の提言

　6　森林保護のための募金活動

　7　その他当法人の目的を達成するために必要な事業

　（注）目的は、必ず定款で定めます。第3章第5節を参照。

　（注）目的は、登記先例では「1、2、3……」と記載されています。とはいえ実務上では、「(1)、(2)、(3)……」といった記載でも差し支えありません。

定款サンプルⅠ　85

（公告の方法）

第4条　当法人の公告は、当法人の主たる事務所の公衆の見やすい場所に掲示する方法により行う。

（注）公告方法は、必ず定款で定めます。第3章第6節を参照。

第2章　社　員

（入社）

第5条　当法人の目的に賛同し、入社した者を社員とする。

2　社員となるには、当法人所定の様式による申込みをし、代表理事の承認を受けなければならない。

（注）社員の資格の得喪に関する規定は、必ず定款で定めます。第3章第7節を参照。

（経費等の負担）

第6条　社員は、当法人の目的を達成するため、それに必要な経費を支払う義務を負う。

2　社員は、社員総会において別に定める入会金及び会費を納入しなければならない。

（注）一般法人法27条により、社員に経費の支払義務を負わせるには、定款にその定めを置くことが必要とされています。

　　　一般社団法人には資本金の概念がないため、設立当初の売上がない時期に事務所使用料等の経費については社員が負担するケースも多くあります。このような場合、定款に1項の規定を設けて、経費の負担者を明確にしておくのがよいでしょう。

　　　また、収益事業を行わない法人の場合、社員（または社員総会の議決権を有しない会員）からの会費等によって運営するケースも少なくありません。そのような場合は、2項の入会金や会費の定めを設けておきましょう。

（退社）

第7条　社員は、いつでも退社することができる。ただし、1か月以上前に当法人に対して予告をするものとする。

（除名）

第8条　当法人の社員が、当法人の名誉を毀損し、若しくは当法人の目的に反する行為をし、又は社員としての義務に違反するなどの除名すべき正当な事由があるときは、一般社団法人及び一般財団法人に関する法律（以下「一般法人法」という。）第49条第2項に定める社員総会の決議により、その社員を除名することができる。

（社員の資格喪失）

第9条　社員が次の各号のいずれかに該当する場合には、その資格を喪失する。

(1)　退社したとき。

(2)　死亡し、若しくは失踪宣告を受け、又は解散したとき。

(3)　1年以上会費を滞納したとき。

(4)　除名されたとき。

(5)　総社員の同意があったとき。

（注）社員の資格の得喪に関する規定は、必ず定款で定めます。7条〜9条については、第3章第7節を参照。

第3章　社員総会

（開催）

第10条　定時社員総会は、毎年7月に開催し、臨時社員総会は、必要がある場合に開催する。

（注）「定時社員総会は、毎事業年度の終了後一定の時期に招集しなければならない（一般法人法36①）」と規定されています。

　　　上記のように「定時社員総会は、毎年●月に開催し」と定めるケースでは、法人税の申告期限（通常決算日から2か月以内）との兼ね合いで

決算月の翌々月を定時社員総会の開催月として定めるのが一般的です。

　　このほか「定時社員総会は、毎事業年度の終了後●か月以内に開催」と定めることも可能ですが、この場合は「毎事業年度の終了後3か月以内に開催」と定めるのが一般的です。これは、定款の定め等による（法人税の）申告期限の延長の特例の申請をする場合、この規定を入れておくことで、特例申請を行うための「定款等の定めにより、今後、各事業年度終了の日の翌日から2か月以内にその各事業年度の決算についての定時総会が招集されない常況にあるため、申告期限の延長をしようとする場合」という要件を満たすことができるとされているからです。なお、この申請をしている場合でも2か月以内に定時社員総会を開催し、原則の期限内に法人税申告をしても問題はなく、またそうするのが一般的です（申告期限を延長していても税金の納期限は延長されないため）。

（招集）

第11条　社員総会は、理事の過半数の決定に基づき代表理事が招集する。

2　社員総会の招集通知は、会日より1週間前までに社員に対して発する。

　（注）理事会を置かない一般社団法人では、2項について1週間を下回る期間を定款で定めることができます（一般法人法39）。

（決議の方法）

第12条　社員総会の決議は、法令に別段の定めがある場合を除き、総社員の議決権の過半数を有する社員が出席し、出席した当該社員の議決権の過半数をもって行う。

　（注）一般法人法49条により、定款で別段の定めをすることも可能です。定款の定めによって、定足数を加重するだけでなく、定足数の軽減や撤廃も可能です。

　　定足数を撤廃する場合は、「社員総会の決議は、法令又は定款に別段の定めがある場合を除き、出席した社員の議決権の過半数をもって行う。」のように定めます。この場合でも、一般法人法49条2項の定めるいわゆる特別決議については、「総社員の半数以上であって、総社員の議決権の3分の2以上に当たる多数をもって行わなければならない」と

されているため、（出席者全員が決議に賛成する場合でも）総社員の半数以上が出席し、さらに総社員の議決権の３分の２以上を有する社員が出席していない限りは、決議を行うことができません。

　また、将来的に公益社団法人への移行を目指す場合、「公益社団法人が、定款の定めにより、社員総会の普通決議の決議要件（定足数）を大幅に緩和し、あるいは撤廃することは許されない（内閣府公益認定等委員会「移行認定又は移行認可の申請に当たって定款の変更の案を作成するに際し特に留意すべき事項」Ⅱ－４）」とされており、許容される定足数の緩和の例として「総社員の議決権の３分の１を有する社員の出席」が記載されているので、こちらも参考にしてください。

（議決権）

第１３条　社員は、各１個の議決権を有する。

　(注) 社員の議決権については、定款で別段の定めをすることもできます（一般法人法48①）

　　たとえば、社員が３名いる場合に、そのうちの社員Ａだけが10個、社員ＢとＣは各１個の議決権を有するというように定めることも可能です。ただしこの場合でも、一般法人法49条２項の定めるいわゆる特別決議については、「総社員の半数以上の賛成」という人数要件が定められているので、仮にＢとＣが決議に反対した場合には、決議は成立しないことになります。

　　また、将来的に公益社団法人への移行を目指す法人では「社員の議決権に関して、当該法人の目的に照らし、不当に差別的な取扱いをしないものであること。（公益認定法５十七ロ（１））」「社員の議決権に関して、社員が当該法人に対して提供した金銭その他の財産の価額に応じて異なる取扱いを行わないものであること。（公益認定法５十七ロ（２））」という規定があるため、議決権に差異を設ける場合は、慎重に検討しましょう。

　　なお、社員の議決権について定款で別段の定めをする場合でも、社員総会において決議をする事項の全部につき社員が議決権を行使することができない旨の定款の定めは、その効力を有しないものとされています

定款サンプルⅠ　89

（一般法人法48②）。

（議長）

第14条　社員総会の議長は、代表理事がこれに当たる。代表理事に事故が
　　あるときは、当該社員総会において、議長を選出する。

（議事録）

第15条　社員総会の議事については、法令の定めるところにより議事録を
　　作成する。

　　（注）社員総会の議事録は、原則議長や出席理事に押印の義務はありませ
　　　んが、定款で「社員総会の議事については、法令の定めるところにより
　　　議事録を作成し、議長及び出席した理事がこれに署名又は記名押印す
　　　る。」のように押印義務について定めた場合には、定款に記載されてい
　　　る人に押印義務が生じます。

第4章　役　員

（理事の員数）

第16条　当法人の理事は、1名以上とする。

2　理事のうち1名を代表理事とする。

　　（注）「○名以内とする」として上限を設けることや「○名以上○名以内と
　　　する」として下限・上限を設けることも可能です。

　　（注）代表理事を複数名置く場合は、「理事のうち1名以上を代表理事とす
　　　る。」としましょう。

（選任）

第17条　理事は、社員総会の決議によって選任する。

2　代表理事は、理事の互選によって定める。

　　（注）理事会を置かない一般社団法人では、定款、定款の定めに基づく理
　　　事の互選または社員総会の決議によって、理事の中から代表理事を選定
　　　できます（一般法人法77③）。

定款で定める場合は代表理事の選定をする度に定款変更が必要になるので、定款の定めに基づく理事の互選、社員総会決議のいずれかを選択するのが一般的です。

なお、一般社団法人の場合は、役員メンバーに変更がなくとも２年に１回のペースで理事および代表理事の重任登記を申請する必要がありますが、定款に代表理事の選定方法として理事の互選規定を置くと重任登記の度に理事全員からの押印を集める必要が生じ、手続きの工程が増えてしまいます。設立する一般社団法人の運営に適する方法を選択して、選定機関を記載しましょう。

（任期）

第１８条　理事の任期は、選任後２年以内に終了する事業年度のうち最終のものに関する定時社員総会の終結の時までとする。

2　任期満了前に退任した理事の補欠として、又は増員により選任された理事の任期は、前任者又は他の在任理事の任期の残存期間と同一とする。

（注）１項に記載の任期は、法定の任期です（一般法人法66）。同条ただし書により、定款で理事の任期を短縮することはできますが、株式会社の取締役と異なり、理事の法定の任期を定款で伸長することはできません。

（注）２項の規定は、一般法人法66条ただし書の理事の任期の短縮規定です。理事の任期の短縮規定については、自由に定めることができます。

（理事の職務及び権限）

第１９条　理事は、法令及びこの定款の定めるところにより、その職務を執行する。

2　代表理事は、当法人を代表し、その業務を統括する。

（解任）

第２０条　理事は、社員総会の決議によって解任することができる。

（報酬等）

第２１条　理事の報酬、賞与その他の職務執行の対価として当法人から受け

る財産上の利益は、社員総会の決議によって定める。

（注）「理事の報酬、賞与その他の職務執行の対価として一般社団法人から
受ける財産上の利益は、定款にその額を定めていないときは、社員総会
の決議によって定める。」（一般法人法89）と規定されていますが、理事
の報酬は事業年度ごとに変動することも多いので、定款で具体的な額は
定めず、社員総会で定める旨を定款に明示するのが一般的です。

第5章　計　算

（事業年度）

第22条　当法人の事業年度は、毎年6月1日から翌年5月末日までの年1
期とする。

（注）事業年度は、必ず定款で定めます。第3章第8節を参照。

（事業計画及び収支予算）

第23条　当法人の事業計画及び収支予算については、毎事業年度開始日の
前日までに代表理事が作成し、直近の社員総会において承認を受けるもの
とする。これを変更する場合も、同様とする。

（注）「事業計画書及び収支予算書」については、一般法人法には何も規定
がありませんが、公益法人法21条1項で作成を義務付けられており、日
本公証人連合会作成の一般社団法人定款サンプルにはこの条項が設けら
れています。

第6章　附　則

（最初の事業年度）

第24条　当法人の最初の事業年度は、当法人成立の日から令和8年5月末
日までとする。

（注）最初の事業年度が1年を超えないよう、注意しましょう。

（設立時の役員）

第２５条　当法人の設立時理事及び設立時代表理事は、次のとおりとする。

　設立時理事　森田　守

　設立時代表理事　森田　守

　（注）設立時理事・設立時代表理事の氏名は、印鑑登録証明書のとおりに記載しましょう。

（設立時社員の氏名又は名称及び住所）

第２６条　設立時社員の氏名又は名称及び住所は、次のとおりである。

　千葉県浦安市北栄八丁目９番１０号

　設立時社員　森田　守

　千葉県浦安市当代島五丁目６番７－８０９号

　設立時社員　株式会社林商会

　（注）設立時社員の氏名・名称・住所は、必ず定款で定めます。設立時社員が個人のみの場合は「設立時社員の氏名及び住所」、設立時社員が法人のみの場合は「設立時社員の名称及び住所」、設立時社員が個人と法人の場合は「設立時社員の氏名又は名称及び住所」と記載しましょう。

　（注）設立時社員は２名以上必要です。

　（注）設立時社員が個人の場合、設立時社員の住所・氏名は、印鑑登録証明書のとおりに記載しましょう。

　（注）設立時社員が法人の場合、設立時社員の住所・名称は、履歴事項全部証明書のとおりに記載しましょう。

　　（会社の場合 ⇒ 住所＝本店、名称＝商号）

　　（その他法人の場合 ⇒ 住所＝主たる事務所、名称＝名称）

（法令の準拠）

第２７条　この定款に定めのない事項は、全て一般法人法その他の法令に従う。

　　以上、一般社団法人森林を守る会設立のため、この定款を作成し、設立時社員が次に記名押印する。

令和7年6月1日

　　　　設立時社員　千葉県浦安市北栄八丁目9番10号
　　　　　　　　　　森田　守　　　　　　　　　　印

　　　　設立時社員　千葉県浦安市当代島五丁目6番7−809号
　　　　　　　　　　株式会社林商会
　　　　　　　　　　代表取締役　林　元気　　印

定款サンプルⅡ
（非営利型・理事会の設置あり）

一般社団法人名字検定協会　定款

第1章　総　則

（名称）

第1条　当法人は、一般社団法人名字検定協会と称する。

（注）名称は、必ず定款で定めます。本書第3章第3節を参照。

（主たる事務所の所在地）

第2条　当法人は、主たる事務所を東京都千代田区に置く。

（注）主たる事務所の所在地は、必ず定款で定めます。第3章第4節を参照。

（目的）

第3条　当法人は、名字に関する正しい知識を普及することを目的とし、その目的に資するため、次の事業を行う。

1　名字検定試験の実施及び認定証の付与

2　名字に関する知識を育むための勉強会の企画及び実施

3　名字に関する研究及び調査

4　名字に関する出版物の発行

5　その他当法人の目的を達成するために必要な事業

（注）目的は、必ず定款で定めます。第3章第5節を参照。

（注）目的は、登記先例では「1、2、3……」と記載されています。とはいえ実務上では、「(1)、(2)、(3)……」といった記載でも差し支えありません。

（公告の方法）

第4条　当法人の公告は、官報に掲載する方法により行う。

（注）公告方法は、必ず定款で定めます。第3章第6節を参照。

第2章　会　員

（会員の構成）

第5条　当法人の会員は、次の3種とし、正会員をもって、一般社団法人及び一般財団法人に関する法律（以下「一般法人法」という。）上の社員とする。

　(1)　正会員　　当法人の目的に賛同して入会した個人又は団体

　(2)　賛助会員　当法人の事業を賛助するために入会した個人又は団体

　(3)　名誉会員　当法人に功労のあった者又は学識経験者で社員総会において推薦された者

　（注）社員の資格の得喪に関する規定は、必ず定款で定めます。第3章第7節を参照。

　（注）本定款では、会員制度を導入しています。会員のうち、正会員をもって一般法人法上の社員とすることで、社員総会の議決権を持たない会員も広く募集することができます。

　（注）会員の種別は、自由に設定できます。

（入会）

第6条　正会員又は賛助会員として入会しようとする者は、理事会が別に定める入会申込書による申込みをし、理事会の承認を受けなければならない。

　（注）本定款では正会員、賛助会員の入会いずれも理事会の承認を要すると定めていますが、正会員の入会承認機関を社員総会、賛助会員の入会承認機関を代表理事のように別々の承認機関を定めることもできます。

（入会金及び会費）

第7条　正会員は、社員総会において別に定める入会金及び会費を納入しなければならない。

2　賛助会員は、社員総会において別に定める賛助会費を納入しなければならない。

（注）入会金や会費については、具体的な金額までは定款で定めずに、詳細については社員総会で定めると規定するのが一般的です。

（任意退会）

第８条　会員は、理事会において別に定める退会届を提出することにより、任意にいつでも退会することができる。

（除名）

第９条　会員が次のいずれかに該当するときは、社員総会において、総正会員の半数以上であって、総正会員の議決権の３分の２以上に当たる多数の決議をもって、当該会員を除名することができる。

⑴　この定款その他の規則に違反したとき。

⑵　当法人の名誉を傷つけ、又は目的に反する行為をしたとき。

⑶　その他除名すべき正当な事由があるとき。

（会員資格の喪失）

第１０条　前２条の場合のほか、会員は、次のいずれかに該当するときは、その資格を喪失する。

⑴　第７条の義務を１年以上履行しなかったとき。

⑵　総正会員が同意したとき。

⑶　死亡し、若しくは失踪宣告を受け、又は解散したとき。

（注）定款８条〜10条については、第３章第７節を参照。

第３章　社員総会

（構成）

第１１条　社員総会は、全ての正会員をもって構成する。

（権限）

第１２条　社員総会は、次の事項について決議する。

⑴　会員の除名

定款サンプルⅡ　97

(2) 理事及び監事の選任又は解任

(3) 理事及び監事の報酬等の額

(4) 貸借対照表及び損益計算書（正味財産増減計算書）並びにこれらの附属明細書の承認

(5) 定款の変更

(6) 解散及び残余財産の処分

(7) 合併及び事業の全部又は重要な一部の譲渡

(8) その他社員総会で決議するものとして法令又はこの定款で定める事項

（開催）

第13条　当法人の社員総会は、定時社員総会及び臨時社員総会とし、定時社員総会は、毎事業年度の終了後3か月以内に開催し、臨時社員総会は、必要に応じて開催する。

（招集）

第14条　社員総会は、法令に別段の定めがある場合を除き、理事会の決議に基づき、代表理事が招集する。

2　総正会員の議決権の10分の1以上の議決権を有する正会員は、代表理事に対し、社員総会の目的である事項及び招集の理由を示して、社員総会の招集を請求することができる。

（注）理事会を設置する一般社団法人では、必ず社員総会の日の1週間前までに社員に対して招集通知を発する必要があり、定款でこれを下回る期間を定めることができません（一般法人法39①）。

（議長）

第15条　社員総会の議長は、代表理事がこれに当たる。

（注）「社員総会の議長は、当該社員総会において正会員の中から選出する」とすることもできます。

（議決権）

第16条　社員総会における議決権は、正会員1名につき1個とする。

（決議）

第17条　社員総会の決議は、法令又は定款に別段の定めがある場合を除き、総正会員の議決権の過半数を有する正会員が出席し、出席した当該正会員の議決権の過半数をもって行う。

2　前項の規定にかかわらず、次の決議は、総正会員の半数以上であって、総正会員の議決権の3分の2以上に当たる多数をもって行わなければならない。

⑴　会員の除名

⑵　監事の解任

⑶　定款の変更

⑷　解散及び残余財産の処分

⑸　合併及び事業の全部又は重要な一部の譲渡

⑹　その他法令又はこの定款で定める事項

（代理）

第18条　社員総会に出席できない正会員は、他の正会員を代理人として議決権の行使を委任することができる。この場合においては、当該正会員又は代理人は、代理権を証明する書類を当法人に提出しなければならない。

（決議及び報告の省略）

第19条　理事又は正会員が社員総会の目的である事項について提案をした場合において、その提案について、正会員の全員が書面又は電磁的記録により同意の意思表示をしたときは、その提案を可決する旨の社員総会の決議があったものとみなす。

2　理事が正会員の全員に対して社員総会に報告すべき事項を通知した場合において、その事項を社員総会に報告することを要しないことについて、正会員の全員が書面又は電磁的記録により同意の意思表示をしたときは、その事項の社員総会への報告があったものとみなす。

（注）　1項は一般法人法58条1項に基づく社員総会の決議の省略規定です。社員総会の決議の省略規定は定款にその定めがなくても活用することができます。2項は一般法人法59条に基づく社員総会への報告の省略規定

です。

（議事録）

第20条　社員総会の議事については、法令の定めるところにより、議事録を作成する。

2　議長及び出席した理事は、前項の議事録に署名若しくは記名押印又は電子署名する。

（注）社員総会議事録への押印の負担を減らしたい場合は、2項は削除しましょう。

第4章　役　員

（役員）

第21条　当法人に、次の役員を置く。

　(1)　理事　3名以上

　(2)　監事　1名以上

2　理事のうち、1名を代表理事とする。

（注）理事会設置法人には必ず理事3名以上、監事1名以上を置く必要があります。

（注）代表理事を2名以上置く場合は、2項は「1名以上を」に置き換えましょう。

（役員の選任）

第22条　理事及び監事は、社員総会の決議によって選任する。

2　代表理事は、理事会の決議によって理事の中から選定する。

3　監事は、当法人又はその子法人の理事又は使用人を兼ねることができない。

4　各理事について、当該理事及びその配偶者又は3親等内の親族（これらの者に準ずるものとして当該理事と政令で定める特別の関係にある者を含む。）の合計数は、理事の総数の3分の1を超えてはならない。

（注）非営利型の一般社団法人を設立する場合、4項の要件を満たす必要

があります。定款への記載までは求められていないものの、非営利型の
一般社団法人を設立する際はこの規定を定款に置くのが一般的です。

（理事の職務及び権限）

第23条　理事は、理事会を構成し、法令及びこの定款の定めるところによ
り、職務を執行する。

2　代表理事は、法令及びこの定款の定めるところにより、当法人を代表し、
その業務を執行する。

3　代表理事は、毎事業年度に4か月を超える間隔で2回以上、自己の職務
の執行の状況を理事会に報告をしなければならない。

　（注）　3項は一般法人法91条2項ただし書による規定です。

　　　　理事会設置一般社団法人では、代表理事および業務執行理事として選
定された理事は、原則3か月に1回以上、自己の職務執行状況を理事会
に報告しなければならないところ、この規定を置くことでその報告頻度
を軽減することができます。

　　　　なお、一般法人法98条1項に「理事、監事又は会計監査人が理事及び
監事の全員に対して理事会に報告すべき事項を通知したときは、当該事
項を理事会へ報告することを要しない。」と規定されていますが、一般
法人法91条2項の代表理事および業務執行理事の自己の職務執行状況の
報告については省略することができませんので、必ず実際に理事会を開
催して報告を行う必要があります。

（監事の職務及び権限）

第24条　監事は、理事の職務の執行を監査し、法令の定めるところにより、
監査報告を作成する。

2　監事は、いつでも、理事及び使用人に対して事業の報告を求め、当法人
の業務及び財産の状況の調査をすることができる。

（役員の任期）

第25条　理事の任期は、選任後2年以内に終了する事業年度のうち最終の
ものに関する定時社員総会の終結の時までとする。

定款サンプルⅡ　101

2　監事の任期は、選任後４年以内に終了する事業年度のうち最終のものに
　関する定時社員総会の終結の時までとする。

3　任期満了前に退任した理事の補欠として、又は増員により選任された理
　事の任期は、前任者又は他の在任理事の任期の満了する時までとする。

4　任期満了前に退任した監事の補欠として選任された監事の任期は、前任
　者の任期の満了する時までとする。

5　理事若しくは監事が欠けた場合又は第２１条第１項で定める理事若しく
　は監事の員数が欠けた場合には、任期の満了又は辞任により退任した理事
　又は監事は、新たに選任された者が就任するまで、なお理事又は監事とし
　ての権利義務を有する。

（注）１項と２項はそれぞれ理事と監事の法定の任期です（一般法人法66、
　　67①）。株式会社の取締役・監査役と異なり、理事・監事の法定の任期
　　を定款で伸長することはできません。

　　　理事の法定の任期は、定款で自由に短縮できます（一般法人法66ただ
　　し書）。

　　　監事の法定の任期は、選任後２年以内に終了する事業年度のうち最終
　　のものに関する定時社員総会の終結の時までとすることを限度として定
　　款で短縮できます（一般法人法67①ただし書）。理事と監事の任期を２
　　年に揃えることで改選のタイミングが同一になるため、役員の任期が管
　　理しやすくなるというメリットがあります。

（注）４項の規定は、一般法人法67条２項の監事の任期の短縮規定です。

（役員の解任）

第２６条　理事及び監事は、社員総会の決議によって解任することができる。
　　ただし、監事を解任する決議は、総正会員の半数以上であって、総正会員
　　の議決権の３分の２以上に当たる多数をもって行わなければならない。

（役員の報酬等）

第２７条　理事及び監事の報酬、賞与その他の職務執行の対価として当法人
　　から受ける財産上の利益は、社員総会の決議によって定める。

（取引の制限）

第28条　理事は、次に掲げる取引をしようとする場合には、理事会において、その取引について重要な事実を開示し、その承認を受けなければならない。

(1)　自己又は第三者のためにする当法人の事業の部類に属する取引

(2)　自己又は第三者のためにする当法人との取引

(3)　当法人がその理事の債務を保証することその他その理事以外の者との間における当法人とその理事との利益が相反する取引

2　前項の取引をした理事は、その取引後、遅滞なく、その取引についての重要な事実を理事会に報告しなければならない。

（責任の一部免除又は限定）

第29条　当法人は、一般法人法第114条第1項の規定により、理事又は監事が任務を怠ったことによる損害賠償責任について、法令に規定する額を限度として、理事会の決議により、免除することができる。

2　当法人は、一般法人法第115条第1項の規定により、理事（業務執行理事又は当該法人の使用人でないものに限る。）又は監事との間で、任務を怠ったことによる損害賠償責任の限定契約を締結することができる。ただし、その責任の限度額は、金〇万円以上で当法人があらかじめ定めた額と法令で定める最低責任限度額とのいずれか高い額とする。

（注）　1項は一般法人法114条1項、2項は一般法人法115条1項に基づく規定です。いずれも役員の一般社団法人に対する損害賠償責任を一部免除するための規定です。一般法人法111条1項により、理事や監事は、その任務を怠ったときは、一般社団法人に対し、これによって生じた損害を賠償する責任を負うところ、これらの規定がある一般社団法人では、定款1項の場合は所定の決議がなされることで、定款2項の場合は契約に基づいて、その責任を一部免除することができます

なお、一般法人法114条1項の定款規定は理事会を設置しない一般法人でも設定できますが、次の要件を満たす必要があることに注意しましょう。

・監事設置一般社団法人であること

定款サンプルⅡ　103

・理事が２名以上いること

　理事会を置かない一般社団法人では、定款１項の「理事会の決議により、免除することができる。」の箇所を「理事の過半数の同意により、免除することができる。」に置き換えましょう。

　一般法人法115条１項の定款規定はこのような制限はないため、監事を置かない一般社団法人や、理事が１名しかいない一般社団法人にも置くことができます。ただし、１名しか理事がいない場合、その理事は必ず業務執行理事なので、その理事が責任限定契約をすることはできません（責任限定契約を締結できる理事は業務を執行しない理事に限られる）。

第５章　理事会

（構成）

第30条　当法人に理事会を置く。

２　理事会は、全ての理事をもって構成する。

（権限）

第31条　理事会は、この定款に別に定めるもののほか、次の職務を行う。

　⑴　業務執行の決定

　⑵　理事の職務の執行の監督

　⑶　代表理事の選定及び解職

（招集）

第32条　理事会は、代表理事が招集する。

２　代表理事が欠けたとき又は代表理事に事故があるときは、あらかじめ理事会が定めた順序により他の理事が招集する。

３　理事及び監事の全員の同意があるときは、招集の手続きを経ないで理事会を開催することができる。

（議長）

第３３条　理事会の議長は、代表理事がこれに当たる。

（決議）

第３４条　理事会の決議は、この定款に別段の定めがある場合を除き、議決に加わることができる理事の過半数が出席し、その過半数をもって行う。

２　前項の規定にかかわらず、一般法人法第９６条の要件を満たすときは、当該提案を可決する旨の理事会の決議があったものとみなす。

（注）２項は、一般法人法96条に基づく理事会の決議の省略規定です。社員総会の決議の省略規定と異なり、理事会の決議の省略規定は定款にその定めを置いている一般社団法人だけが活用することができます。「早急に理事会決議を行わなければならないのに理事で集まることができない」というような事態に備えて、特別の事情がない限りは、この規定を置きましょう。

（報告の省略）

第３５条　理事又は監事が理事及び監事の全員に対し、理事会に報告すべき事項を通知したときは、その事項を理事会に報告することを要しない。ただし、一般法人法第９１条第２項の規定による報告については、この限りでない。

（注）一般法人法98条に基づく理事会への報告の省略規定です。先述のとおり、代表理事及び業務執行理事の理事会への自己の職務執行状況の報告については、必ず実際に理事会を開催して報告を行う必要があります。

（議事録）

第３６条　理事会の議事については、法令の定めるところにより議事録を作成する。

２　出席した理事及び監事は、前項の議事録に署名又は記名押印する。

（注）理事会議事録への署名・押印は原則理事会へ出席した理事および監事の全員で行う必要がありますが、定款で議事録への署名または記名押印者を出席した代表理事および監事に限定することができます（一般法

定款サンプルⅡ　105

人法95③）。署名または記名押印者を代表理事と監事に限定する場合は、2項を「出席した代表理事及び監事は、前項の議事録に署名又は記名押印する。」と置き換えましょう。

（理事会規則）

第37条　理事会の運営に関し必要な事項は、法令又はこの定款に定めるもののほか、理事会の規則で定める。

第6章　基　金

（基金の拠出等）

第38条　当法人は、基金を引き受ける者の募集をすることができる。

2　拠出された基金は、当法人が解散するまで返還しない。

3　基金の返還の手続については、基金の返還を行う場所及び方法その他の必要な事項を清算人において別に定めるものとする。

（注）基金は、一般社団法人の資金調達方法のひとつです。基金として集めた金銭等には法令上の使途制限はなく、法人の活動の原資として自由に活用できます。

　　基金として拠出された金銭その他の財産は、一般法人法および当事者間の合意に従って返還義務（金銭以外の財産については、拠出時の当該財産の価額に相当する金銭の返還義務）を負います。一種の外部負債であり、基金拠出者の地位は一般社団法人の社員の地位とは結び付いていないため、社員が基金の拠出者になることができるのはもちろんのこと、社員以外の人が基金の拠出者となることもできます。

　　基金を引き受ける者の募集をする場合、あらかじめ次に掲げる内容を定款で定める必要があります（一般法人法131条）。

・基金の拠出者の権利に関する規定（本定款例では2項が該当）

・基金の返還の手続き（本定款例では3項が該当）

第7章　計　算

（事業年度）

第39条　当法人の事業年度は、毎年4月1日から翌年3月末日までの年1期とする。

（注）事業年度は、必ず定款で定めます。第3章第8節を参照。

（事業計画及び収支予算）

第40条　当法人の事業計画及び収支予算については、毎事業年度開始日の前日までに代表理事が作成し、理事会の承認を受けなければならない。これを変更する場合も、同様とする。

2　前項の書類については、主たる事務所に、当該事業年度が終了するまでの間備え置き、一般の閲覧に供するものとする。

（事業報告及び決算）

第41条　当法人の事業報告及び決算については、毎事業年度終了後、代表理事が次の書類を作成し、監事の監査を受けた上で、理事会の承認を経て、定時社員総会に提出し、第1号の書類についてはその内容を報告し、第3号及び第4号の書類については承認を受けなければならない。

(1)　事業報告

(2)　事業報告の附属明細書

(3)　貸借対照表

(4)　損益計算書（正味財産増減計算書）

(5)　貸借対照表及び損益計算書（正味財産増減計算書）の附属明細書

2　前項の書類のほか、監査報告を主たる事務所に5年間備え置くとともに、定款及び社員名簿を主たる事務所に備え置き、一般の閲覧に供するものとする。

（剰余金の不分配）

第42条　当法人は、剰余金の分配を行わない。

（注）非営利性が徹底された法人として設立する場合には、この規定を必ず置かなければなりません。第3章第9節を参照。

第8章　定款の変更、解散及び清算

（定款の変更）

第43条　この定款は、社員総会において、総正会員の半数以上であって、総正会員の議決権の3分の2以上に当たる多数をもって決議することにより変更することができる。

（解散）

第44条　当法人は、社員総会において、総正会員の半数以上であって、総正会員の議決権の3分の2以上に当たる多数をもって決議することその他法令に定める事由により解散する。

（残余財産の帰属）

第45条　当法人が清算をする場合において有する残余財産は、社員総会の決議を経て、公益社団法人及び公益財団法人の認定等に関する法律第5条第20号に掲げる法人又は国若しくは地方公共団体に贈与するものとする。

（注）非営利性が徹底された法人として設立する場合には、この規定を必ず置かなければなりません。第3章第9節を参照。

第9章　附　則

（最初の事業年度）

第46条　当法人の最初の事業年度は、当法人成立の日から令和8年3月末日までとする。

（注）最初の事業年度が1年を超えないよう注意しましょう。

（設立時の役員）

第47条　当法人の設立時理事、設立時代表理事及び設立時監事は、次のとおりとする。

設立時理事　　　本名　覚

設立時理事　　　氏家　亜記

設立時理事　　　平　佳奈

設立時代表理事　本名　覚

設立時監事　　　会田　計

（注）設立時理事・設立時代表理事・設立時監事の氏名は、印鑑登録証明書（または本人確認証明書）のとおりに記載しましょう。

（設立時社員の氏名又は名称及び住所）

第48条　設立時社員の氏名又は名称及び住所は、次のとおりである。

東京都千代田区九段南八丁目7番6号

設立時社員　本名　覚

東京都千代田区神田神保町五丁目4番地3

設立時社員　株式会社氏家出版

（法令の準拠）

第49条　この定款に定めのない事項は、全て一般法人法その他の法令に従う。

　　以上、一般社団法人名字検定協会設立のため、この定款を作成し、設立時社員が次に記名押印する。

令和7年6月1日

　　　　　設立時社員　　　東京都千代田区九段南八丁目7番6号

　　　　　　　　　　　　　本名　覚　印

　　　　　設立時社員　　　東京都千代田区神田神保町五丁目4番地3

定款サンプルII　109

株式会社氏家出版
代表取締役　氏家　亜記　印

教科書どおりに定款作成しても訂正されることもある？

　日本公証人連合会のウェブサイト[12]では、一般社団法人等の定款の記載例が掲載されています。
　「公証人の連合会が作成している定款記載例を用いれば、公証人から修正指示を受けることはない」と思えるところですが、現実的には修正指示を受けることが意外によくあります。筆者は「そこは日本公証人連合会の定款記載例の文言そのままなんだけど……」と内心では思いつつも、「ご指摘ありがとうございます！」といつも素直に聞き入れて修正しています。
　同じ文言が記載されている定款でも、すべての公証人が同じ箇所に修正指示をするわけではありません。細かい言い回しが定款と法令の文言とで一致しているかを指摘する人としない人がいる印象です。
　いずれにしても、こういった文言の修正は些末なことなので、あまり気にせず素直に修正するのがよいでしょう。
　なお、本書掲載の定款サンプルも、この日本公証人連合会の定款記載例をベースに作成したものですが、特に公証人から修正の指示が多い箇所については、文言を変更しています。とはいえ、それでも公証人によっては、文言の修正の指示がありえますので、そのときは素直に修正をお願いします（笑）。

---

[12] https://www.koshonin.gr.jp/format

余談ですが、いろいろな公証役場を訪れていると、人間として癖の強い公証人の方やスタッフさんに会うこともあります。

　そのため筆者は、はじめての都道府県では、事前にネット等で口コミを確認してから公証役場へ連絡するようにしています。設立登記を申請する法務局を選ぶことはできませんが、公証役場は設立する法人の主たる事務所の所在地を管轄する法務局・地方法務局に所属する公証役場の中で選ぶことができるので、口コミを参考にしているのです。

第11節　実質的支配者となるべき者の申告書を作成する

　公証役場で定款認証を行う際、「実質的支配者となるべき者の申告書」の提出が必要です。この制度は、暴力団員等による法人の不正使用（マネーロンダリング、テロ資金供与等）を抑止することが目的です。

　一般社団法人の設立に際して誰が実質的支配者になるのか、どのように申告書を作成するのかをみていきます。

【1】 実質的支配者となるべき者

　実質的支配者とは、法人の事業経営を実質的に支配することが可能となる関係にある個人のことです。一般社団法人の場合、次の人が実質的支配者に該当します。

> （A）　事業活動に支配的な影響力を有する個人
> （B）　（A）に該当する者がいない場合は、代表理事

　一般社団法人の場合は、（B）の代表理事が実質的支配者となるケースがほとんどです。

【2】 申告書の記載方法

　実質的支配者となるべき者の申告書（一般社団・一般財団用）については、日本公証人連合会のウェブサイト[13]より書式をダウンロードできます。書式にしたがって作成しましょう。

　なお、様式内の「嘱託人」とは、定款作成者として定款に押印または電子署名した人を指します。

---

[13]　https://www.koshonin.gr.jp/notary/ow09_4#newteikan

実質的支配者となるべき者の申告書（一般社団・一般財団用）

（公証役場名）

　　　　　　　　　　　　　　　　認証担当公証人　　　　　　　　　　　　　　　　　　　　　殿

　（名称）

の成立時に実質的支配者となるべき者の本人特定事項等及び暴力団員等該当性について、以下のとおり、申告する。

令和　　年　　月　　日

■ 嘱託人住所　　　　　　　　　　　　　　　■ 嘱託人氏名（記名又は署名）

実質的支配者となるべき者の該当事由（❶又は❷のいずれかの番号の左側の□内に✔印を付してください。）

□　❶　出資、融資、取引その他の関係を通じて、設立する法人の事業活動に支配的な影響力を有する自然人となるべき者：
　　　犯罪による収益の移転防止に関する法律施行規則（以下「犯収法施行規則」という。）１１条２項３号ロ参照

□　❷　❶に該当する者がいない場合は、設立する法人を代表し、その業務を執行する自然人となるべき者：犯収法施行規則
　　　１１条２項４号参照

実質的支配者となるべき者の本人特定事項等(※1、※2)						暴力団員等該当性(※3)
住居		国籍等	日本・その他　　（※4） （　　　　　　　　）	性別	男・女 （※5）	（暴力団員等に） 該当 ・ 非該当
		生年 月日	（昭和・平成・西暦） 　　　　　年　　月　　日生			
氏名	フリガナ	実質的支配者 該当性の根拠資料	定款・定款以外の資料・なし （※6）			
住居		国籍等	日本・その他　　（※4） （　　　　　　　　）	性別	男・女 （※5）	（暴力団員等に） 該当 ・ 非該当
		生年 月日	（昭和・平成・西暦） 　　　　　年　　月　　日生			
氏名	フリガナ	実質的支配者 該当性の根拠資料	定款・定款以外の資料・なし （※6）			
住居		国籍等	日本・その他　　（※4） （　　　　　　　　）	性別	男・女 （※5）	（暴力団員等に） 該当 ・ 非該当
		生年 月日	（昭和・平成・西暦） 　　　　　年　　月　　日生			
氏名	フリガナ	実質的支配者 該当性の根拠資料	定款・定款以外の資料・なし （※6）			

※1　「住居、氏名」欄には、該当者全員を記載する。
※2　犯収法施行規則１１条４項によって、上場企業等及びその子会社は自然人とみなされるので、上記自然人の「住居、氏名」欄に、その「住所、名称」を記載する。
※3　実質的支配者となるべき者が暴力団員（暴力団員による不当な行為の防止等に関する法律第２条第６号）、国際テロリスト（国際連合安全保障理事会決議第1267号等を踏まえ我が国が実施する財産の凍結等に関する特別措置法第３条第１項の規定により公告されている者若しくは同法第４条第１項の規定による指定を受けている者）又は大量破壊兵器関連計画等関係者（国際連合安全保障理事会決議第1267号等を踏まえ我が国が実施する財産の凍結等に関する特別措置法第３条第２項の規定により公告されている者）のいずれにも該当しない場合には、「暴力団員等該当性」欄の「非該当」を○で囲み、いずれかに該当する場合には、「該当」を○で囲む。なお、該当する選択肢を○で囲むことに代えて、実質的支配者となるべき者が作成したその旨の表明保証書を提出することも可能である。
※4　「国籍等」欄は、日本国籍の場合は「日本」を○で囲み、日本国籍を有しない場合は「その他」を○で囲んで具体的な国名等を（　　）内に記載する。
※5　「性別」欄は、該当するものを○で囲む。
※6　「実質的支配者該当性の根拠資料」欄は、該当するものを○で囲み、定款以外の資料がある場合には、その原本又は写しを添付する。また、実質的支配者となるべき者の本人特定事項等が明らかになる資料も添付する（自然人の場合には、運転免許証、旅券、個人番号カード（マイナンバーカード）、在留カード等の写し等、法人の場合には、全部事項証明書及び印鑑証明書の原本又は写し）。

実質的支配者となるべき者が３名を超える場合は、更に申告書を用いて記入してください。

第12節 定款認証を行う公証役場へ連絡する

　定款と実質的支配者の申告書の作成が完了したら、定款の事前チェックをしてもらうために、定款認証を行う公証役場へ連絡をしましょう。

【1】連絡をする公証役場を決める

　定款認証は、設立する法人の主たる事務所の所在地を管轄する法務局または地方法務局に所属する公証人が行います。

　日本公証人連合会のウェブサイト[14]から、各都道府県内の公証役場一覧を確認できます。

　北海道以外の都府県では、主たる事務所の所在する都府県内の公証役場であればどこを選んでも問題ありません。北海道だけは法務局の本局が4箇所存在するため、さらに主たる事務所の所在する市区町村がどの法務局の管轄になるかを調べた上で連絡する公証役場を決める必要があります。

　基本的にはアクセスのよい公証役場を選択するのがよいでしょうが、時期によっては公証役場の業務が混み合い、定款認証が完了するまで思いのほか日数を要する場合もあります。

　設立を急いでいる場合は、最初に公証役場へ電話を入れ、定款の事前チェックに要する日数や、定款認証の予約可能な日時を確認し、場合によって別の公証役場も検討しましょう。

【2】公証役場に書類データを送る

　定款認証を受ける公証役場が決定したら、以下の書類等データをメールまたはFAXで送りましょう。

---

[14] https://www.koshonin.gr.jp/list

○　定　　款
○　実質的支配者の申告書
○　設立時社員の印鑑登録証明書
○　設立時社員の履歴事項全部証明書（法人が社員になっている場合）
○　実質的支配者の本人確認書類（マイナンバーカードの写真面、運転
　　免許証の両面等）

　また、上記データを送る際に、あわせて下記情報についても連絡を入れて
おくと、その後のやり取りがスムーズに進みやすいでしょう。

○　法人設立の予定日
○　定款認証の希望日時

　なお「定款認証の希望日時」については、公証人の予定とのすり合わせが
必要なため、別途公証役場との調整による予約が必要です。スムーズに予約
を行うため、いくつか候補日を提示するのが望ましいところです。

　上記の公証役場への連絡後、数日内に公証役場から定款の修正箇所等につ
いて連絡があるので、その指示に従って対応をしましょう。

第13節 定款への押印と定款の製本をする

　公証人から受けた指示のとおり修正を対応し定款内容が確定したら、公証役場に持参する定款の準備をしましょう。定款の末尾へ設立時社員全員の実印で押印を行い、定款を製本しましょう。公証役場へ持参する定款は、合計3通作成します。

【1】定款の末尾へ設立時社員全員の実印で押印をする

（1）定款を印刷する

　Ａ４のコピー用紙に片面印刷で印刷するのが一般的です。

（2）定款の末尾に設立時社員全員の実印で押印をする

　下記の例を参考に押印をしましょう。

以上、一般社団法人森林を守る会設立のため、この定款を作成し、設立時社員が次に記名押印する。

令和7年6月1日

　　　　設立時社員　千葉県浦安市北栄八丁目9番10号
　　　　　　　　　　森田　守

（個人実印）

　　　　設立時社員　千葉県浦安市当代島五丁目6番7－809号
　　　　　　　　　　株式会社林商会
　　　　　　　　　　代表取締役　林　元気

（法人代表印）

公証役場で訂正が必要に
なった場合に備えて訂正印
を押印しておきましょう。　⇒　（個人実印）　（法人代表印）

第13節　定款への押印と定款の製本をする　117

【2】定款を製本する

次の手順で定款を製本します。

（1）定款をホッチキスでとめる

第1条から正しい順番になっていることを確認し、左端を2箇所ホッチキスで止めます。

一般社団法人森林を守る会　定款

（2）製本テープを貼る

ホッチキスをとめた上から白色の製本テープを貼ります。

一般社団法人森林を守る会　定款

製本テープ

(3) 設立時社員全員の実印で契印をする

　製本テープと定款本体の両方に半分ずつ印影がかかるよう、設立時社員全員の実印で契印をします。契印は、表面および裏面の両面に、それぞれ設立時社員全員の実印で行いましょう。

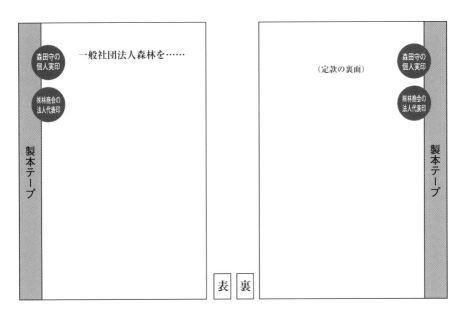

　公証役場に持参する定款は3通必要です。合計3通の定款を準備しましょう。

第14節 定款認証に必要な書類を用意する

　最後に、定款認証の際に公証役場へ持参する書類をみていきます。

　なお定款認証には、紙の定款を認証する方法と、オンライン申請による電子定款を認証する方法がありますが、ここでは紙の定款を認証する方法をとりあげます。

　株式会社と異なり、一般社団法人は設立時の定款を紙で作成する場合でも収入印紙を貼る必要はありません。

　以下、設立時社員全員で公証役場に定款認証に行く場合と、代理人（設立時社員の1人が他の設立時社員全員の代理人になる場合を含む）が公証役場に定款認証に行く場合とに分けて解説します。

【1】設立時社員全員で公証役場に定款認証に行く場合

　設立時社員全員で公証役場に行って定款認証をするケースでは、以下のものを持参します。

- ○　設立時社員全員の印鑑登録証明書の原本（発行日から3か月以内のもの。市区町村役場やコンビニのマルチコピー機で取得）
- ○　設立時社員全員の本人確認書類（運転免許証、マイナンバーカード等、公的機関が発行する顔写真入りのもの）
- ○　押印済の定款3通（第13節参照）
- ○　実質的支配者となるべき者の申告書
- ○　設立時社員全員の実印

　設立時社員に法人社員がいる場合は、上記に加えて下記書類が必要です。

120　第3章 定款を作成する

○ 設立時社員である法人の履歴事項全部証明書（発行日から3か月以内のもの）
⇒最寄りの法務局で取得
○ 設立時社員である法人の法人代表者としての印鑑証明書の原本（発行日から3か月以内のもの）
⇒最寄りの法務局で取得。取得する際に印鑑カードが必要
○ 設立時社員である法人の法人社代表者の代表者印

【2】代理人が公証役場に定款認証に行く場合

次に、代理人が公証役場へ行って定款認証をするケースでは、以下のものを持参します。設立時社員のうちの1人が、他の設立時社員全員の代理人になる場合も同様です。

○ 設立時社員全員の印鑑登録証明書の原本（発行日から3か月以内のもの）
○ 公証役場に来られない設立時社員全員からの委任状（書式は123頁参照）
○ 代理人の本人確認書類（運転免許証、マイナンバーカード等、公的機関が発行する顔写真入りのもの）
○ 押印済の定款3通（第13節参照）
○ 実質的支配者となるべき者の申告書
○ 代理人の認印

設立時社員に法人社員がいる場合は、上記に加えて下記書類が必要です。

○ 設立時社員である法人の履歴事項全部証明書（発行日から3か月以内のもの）
○ 設立時社員である法人の法人代表者としての印鑑証明書の原本（発行日から3か月以内のもの）

第14節 定款認証に必要な書類を用意する　121

【3】定款認証の際に必要な費用

　【1】【2】いずれのケースも、公証役場で支払う費用（認証手数料5万円と謄本交付料約2,000円）が必要です。

　なお公証役場にて認証を行う場合は、クレジットカードでの支払いも可能です。

委 任 状

住　所　_____

氏　名　_____

公証役場へ行く代理人の住所・氏名を記載

　　　　私（ども）は、上記の者を代理人と定め、次の権限を委任します。

代理人に対して委任する設立時社員の人数がひとりの場合は（ども）の部分は不要。

1 一般社団法人〇〇〇〇の定款につき、設立時社員の記名押印を自認し、公証人の認証を受ける嘱託手続に関する一切の件

設立する法人の名称を記載

2. 定款謄本の交付請求及び受領に関する一切の件
3. 実質的支配者となるべき者の申告書の作成・提出及び申告受理証明書の請求及び受理に関する一切の件

令和　　年　　月　　日

委任者が、署名捺印した日付を記載

設立時社員

　　　住　所
　　　氏　名

委任する設立時社員が個人の場合は、住所・氏名を記載し、個人の実印で押印する。

（法人の場合）

　　　本　店
　　　法　人　名
　　　代表者の資格
　　　氏　名

委任する設立時社員が法人の場合は、本店住所・法人名・代表者の資格・代表者の氏名を記載し、法人の代表者印で押印する。

第4章

設立登記の
申請をする

　公証役場での定款認証が完了したら、設立登記の申請です。一般社団法人は、その主たる事務所の所在地において設立の登記をすることによって成立します（一般法人法22）。

　本章では、設立登記の申請にあたり準備の必要な物、作成の必要な書類、どこの法務局に申請すればよいのか等についてみていきます。

第1節 法人の印鑑を作る

　まず、法人の印鑑を準備しなければなりません。法人設立の際には、法人代表者印、法人銀行印、法人角印の3種の印鑑を用意するのが一般的です。

【1】法人代表者印

　法人代表者印は、いわゆる法人の実印です。

　法務局に「これが当法人の代表理事○○の代表者印の印影です」と印鑑の印影を届け出ることで、その印鑑が法人の代表者印になります。

　法人代表者印として登録できる印鑑は、辺の長さが1cmを超えていて、3cmの正方形の中に収まるものに限られます（商業登記規則9③）。

　上記条件を満たしていれば、どのような印鑑でも法人代表者印として登録できます（法人名が記載されていなくても登録可能）が、通常は次のような印鑑を法人代表者印として登録している法人が多いといえます。

○丸　　　印
○回文（外枠）に法人名が記載されている
○中文（印鑑の中心）に「代表理事印」や「代表理事之印」等と記載されている

　代表理事が2名以上いる場合、代表理事のうち1人が法人代表者印の届出をすれば問題ありませんが、全員が法人代表者印を届け出ることもできます。全員が法人代表者印を届け出る場合は、同一の印影の印鑑を届け出ることはできないため、代表理事の数だけ法人代表者印を用意する必要があります。

　なお、令和3年2月15日以降、オンラインで登記申請を行う場合は法人の代表者印の届出は任意になりましたが、書面で登記申請をする場合は依然として法人の代表者印の届出が必須です。

126　第4章 設立登記の申請をする

最近は電子署名の利用が拡大していますが、取引先や手続きの申請先から法人代表者印の印鑑証明書の提出を求められた場合に備えて、オンラインで登記申請を行う場合も代表理事のうち1名は法人代表者印の届出を行いましょう。

【2】法人銀行印

　法人銀行印は、法人の設立登記に使用する印鑑ではありません。そのため、この印鑑を用意しなくても法人の設立登記は可能です。

　法人銀行印は、法人設立登記が完了後、法人の銀行口座を開設する際に「これが当法人の銀行印です」と各金融機関に届け出ることで法人銀行印になります。最近はネットバンクなどで、法人の銀行印を届ける必要がない金融機関も増えているため、準備が不要な場合もあります。法人設立前に、どこの金融機関で法人口座を開設するか決まっている場合は、その金融機関の法人口座開設に必要なものをあらかじめ調べておくとよいでしょう。

　通常は、次のような印鑑を法人銀行印として使用している法人が多数です。

○丸　　　印
○回文（外枠）に法人名が記載されている
○中文（印鑑の中心）に「銀行之印」と記載されている

　法人代表者印として登録している印鑑を銀行印としても登録して併用している法人もありますが、どちらも非常に大事な印鑑なので、できる限り別々の印鑑を用意しましょう。

【3】法人角印

　法人角印も、法人設立登記の手続きには必須ではありません。

　法人角印は法人の認印（印鑑登録されていない印鑑）としての役割を持ちます。法人代表者印や法人銀行印は、紛失して悪用されると大変なため、どこにでも持ち歩くのは危険です。また、これらの印鑑はその印鑑での押印を

第1節 法人の印鑑を作る　127

求められる場合以外は極力使用を避けた方がよいでしょう。

　そのため、認印として使用できる印鑑を用意しておくべきです。必ずしも角印である必要はありませんが、法人代表者印と銀行印に丸印を使用することが多いため、見た目で区別がつきやすい角印を用意すると使いやすいでしょう。

　角印には、「一般社団法人○○」や「一般社団法人○○之印」等と記載するのが一般的です。

第2節 設立登記の添付書類を作成・用意する

　ここでは、定款以外の設立登記の添付書類について、その作成方法、準備の必要な書類をみていきます。

　前提として、設立時理事、設立時代表理事および設立時監事などの設立時役員については、**第3章**の定款サンプルのようにすべて定款の附則で定めているものとします。

【1】設立時社員の決定書

　まずは「設立時社員の決定書」です（書式は134頁）。公証人の定款認証が完了した後、設立時社員の決定により、主たる事務所の具体的な所在場所を定めましょう。

　定款では、主たる事務所の所在地として、主たる事務所の所在する最小の行政区画（市区町村）までを定めました。

　最小行政区画以下の具体的な所在場所の決定は、法人設立前は設立時社員の決定により行います。

　なお、定款の主たる事務所の所在地として主たる事務所の具体的な所在場所まで定めている場合や、定款の附則で設立時の主たる事務所の所在場所を定めている場合には、この書類の作成は不要です。

【2】設立時役員の就任承諾書

　次に、「設立時役員の就任承諾書」です。

　この添付書類は、以下の3パターンがあります。

（1）設立時代表理事兼設立時理事の就任承諾書

　設立時代表理事に就任する人は、その前提として設立時理事に就任してい

るため、この就任承諾書を作成しましょう（書式は135頁）。

この就任承諾書は、必ず個人の実印で押印をする必要があります。

（2）設立時理事の就任承諾書

設立時理事に就任する理事のうち、設立時代表理事には就任しない人はこの承諾書を作成しましょう（書式は136頁）。

理事会を置かない一般社団法人として設立する場合、この就任承諾書には必ず個人の実印で押印をする必要があります。

理事会を置く一般社団法人として設立する場合には、認印での押印でも問題ありません。

（3）設立時監事の就任承諾書

設立時監事を置く一般社団法人を設立する場合で、設立時監事に就任する人は、この就任承諾書を作成しましょう（書式は137頁）。

設立時監事の就任承諾書に押印する印鑑は、理事会を設置するか否かにかかわらず、認印で問題ありません。

【3】設立時理事（理事会を設置しない一般社団法人）および設立時代表理事の印鑑登録証明書

一般社団法人の設立登記申請書には、次の人の印鑑登録証明書を添付する必要があります（一般社団法人等登記規則3、商業登記規則61条④・⑤）。

（1）設立時代表理事

設立時代表理事の印鑑登録証明書は理事会設置の有無にかかわらず、常に必要です。設立時代表理事のうち、後述する印鑑届出を行う人の印鑑登録証明書は、設立日時点で3か月以内に発行されたものを用意しましょう。

（2）設立時理事（理事会を置かない一般社団法人）

理事会を置かない一般社団法人では、設立時代表理事以外の設立時理事についても印鑑登録証明書を用意する必要があります。ただし、こちらの印鑑

130　第4章 設立登記の申請をする

登録証明書については、（1）と異なり、設立日時点で3か月以内に発行された印鑑登録証明書というような指定はありません。

　印鑑登録証明書は、住民票の存在する市区町村の役所で取得しましょう。

　マイナンバーカードを持っている場合は、コンビニに設置されているマルチコピー機でも発行が可能です。

　ただし、印鑑登録をしていない場合は、前提として居住する市区町村の役所窓口で印鑑登録を行う必要があります。

【4】設立時理事（理事会を設置する一般社団法人）および設立時監事の本人確認証明書

　本人確認証明書とは、一般社団法人の理事、監事に就任する人の就任承諾書に記載された氏名・住所と同一の氏名・住所が記載されている市区町村長その他の公務員が職務上作成した証明書のことをいいます（一般社団法人等登記規則3、商業登記規則61⑦）。

　具体的には、次のような書類が該当します。

○住民票
○戸籍の附表
○運転免許証の両面コピー[15]
○マイナンバーカードの写真面のコピー[16]

いずれか一点を用意しましょう。

　上記の書類は一例です。これらの書類がいずれも準備できない事情がある場合は、事前に管轄の法務局へ何を本人確認証明書として提出するか相談をしましょう。

---

[15] 表面と裏面の双方をコピーし、就任承諾者本人が「原本と相違がない。」と記載して、記名する必要あり。

[16] 写真面のみをコピーし、就任承諾者本人が「原本と相違がない。」と記載して、記名する必要あり。

第2節　設立登記の添付書類を作成・用意する　131

設立時役員のうち、印鑑登録証明書を提出しない人は、設立登記の申請書に本人確認証明書を添付する必要があります。

　具体的には、次の人です。

（1）設立時理事（理事会を置く一般社団法人）

　理事会を置く一般社団法人を設立する場合、設立時理事の本人確認証明書の添付が必要です。ただし、設立時代表理事については、必ず印鑑登録証明書を添付する必要があるため、本人確認証明書は添付する必要はありません。

（2）設立時監事

　理事会設置の有無にかかわらず、設立時監事については、本人確認証明書を添付します。

【5】原本還付の方法

　一般社団法人に関する登記の申請書への添付書類については、原本還付の請求をすることができます（一般社団法人等登記規則3、商業登記規則49）。

　原本還付とは、登記手続きの際に提出した書類の原本を法務局から返却してもらうための手続きです。

　一般社団法人の設立時であれば、定款、設立時社員の決定書、就任承諾書、印鑑登録証明書、本人確認証明書などが登記申請書の添付書類となりますが、これらの書類は法務局に登記申請をする際、原本を提出することになります。

　しかし、法務局に原本を提出したままにしてしまうと重要な書類が法人のもとに残らなくなってしまうという不都合があります。

　そこで、添付書類の原本を一度提出し、法務局にその内容を確認してもらった後、その原本を返却してもらい、法務局にはその写しを保管してもらう仕組みが「原本還付」です。

　<u>原本還付の手続きは、登記の申請と同時に行わなければなりません。</u>

　具体的な方法は、次のとおりです。

① 原本還付をしたい添付書類のコピーをとる
② 添付書類のコピーが複数枚になる場合には、左側2箇所をホッチキス止め
③ ホッチキス止めをした添付書類のコピー1枚目の末尾余白部分に「原本に相違ありません。」と記載し、次の行に法人名を記載、さらに次の行に証明者の資格と氏名を記載。

設立時社員の決定書
　　　　　　　（のコピー）

設立時社員○○○○
設立時社員○○○○

原本に相違ありません
一般社団法人名字検定協会
代表理事　本名　覚

← 原本還付したい書類のコピーをすべて合綴する。

第2節 設立登記の添付書類を作成・用意する　133

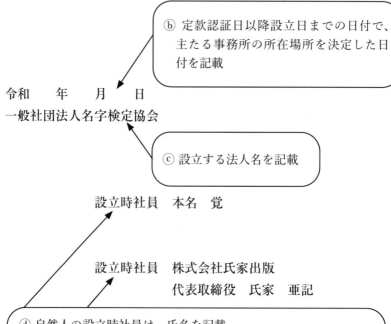

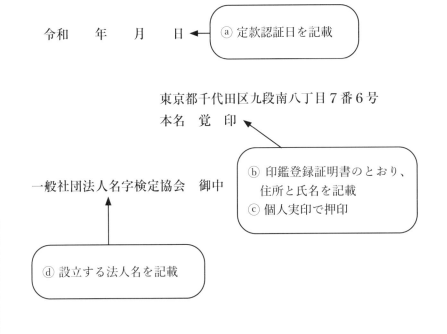

就任承諾書

私は、貴法人の設立時理事に選任されたので、その就任を承諾します。

令和　　年　　月　　日　　←　ⓐ 定款認証日を記載

　　　　　　　　　　東京都千代田区神田神保町五丁目4番地3
　　　　　　　　　　氏家　亜記　印

一般社団法人名字検定協会　御中

ⓔ 設立する法人名を記載

ⓑ 印鑑登録証明書（または
　本人確認証明書）のとおり、
　住所と氏名を記載
ⓒ 理事会を置かない一般社団
　法人の場合は、必ず個人実
　印で押印
ⓓ 理事会を置く一般社団法人
　の場合は、認印でOK

就任承諾書

私は、貴法人の設立時監事に選任されたので、その就任を承諾します。

令和　　年　　月　　日　◀━━━ ⓐ 定款認証日を記載

　　　　　　　　東京都千代田区神田三崎町六丁目5番3号
　　　　　　　　会田　計　印

ⓑ 本人確認証明書のとおり、住所と氏名を記載
ⓒ 監事の就任承諾書への押印は認印でOK

一般社団法人名字検定協会　御中

ⓓ 設立する法人名を記載

第2節 設立登記の添付書類を作成・用意する　137

第3節 登記の申請書を作成する

　前節までで登記の添付書類が揃いました。本節では、登記申請書の作成について説明します。最初に登記申請先である管轄法務局の確認方法を、続けて登記申請書の作成方法についてみていきます。

　登記申請書に記載すべき事項のうち、「登記すべき事項」という項目がありますが、こちらは、通常「別紙」という形で作成します。別紙にするだけあり、そのボリュームも多く、またこの登記すべき事項に記載される内容がまさに法人の謄本に記載される内容そのもののため、非常に重要な部分です。

　したがって、本書では登記申請書の作成について、登記すべき事項以外の箇所を**第3節**で、登記すべき事項を**第4節**で、2節に分けて説明します。

【1】 管轄法務局の調べ方

　最初に、登記申請先である管轄法務局の調べ方について紹介します。

　「一般社団法人は、その主たる事務所の所在地において設立の登記をすることによって成立する」（一般法人法22）という条文のとおり、設立登記の申請は（設立後の登記申請もですが）、どこの法務局にしてもよいというわけではなく、主たる事務所の所在地（を管轄する法務局）において行わなければなりません。

　どこが申請先の法務局なのかというのは非常に重要ですので、間違いのないよう、次の手順で調べましょう。

① 法務局ウェブサイト「管轄のご案内」[17]にアクセス。
② サイトに従って「管轄一覧から探す」から、これから設立する一般社団法人の「主たる事務所の所在地」が属するページをクリック（北海道内の場合は本局と地方法務局本局が計4つ存在するため注意）
③ 各都道府県の管轄区域一覧から、「商業・法人登記管轄区域」の列と「庁名」の列を照らし合わせて、管轄の法務局を特定。

　細かすぎる説明をするようですが、**管轄の間違いは修正のきかない重大なミス**ですので、入念に確認しましょう。

【2】（別紙以外の）登記申請書の作成方法

　（「登記すべき事項」を除く）登記申請書の作成方法についてみていきます。
　下記の申請書の見本は、**定款サンプルⅡ**（95頁）の一般社団法人を例にしたものです。

ⓐ　法人のフリガナを記載。法人の種別である「一般社団法人」の部分についてはフリガナを記載しないので注意。フリガナは登記には反映されないが、国税庁の運営する法人番号公表サイト[18]に反映される。
ⓑ　法人名を記載。「一般社団法人」を含めすべて記載。
ⓒ　主たる事務所の所在場所（市区町村以下もすべて）を記載。
ⓓ　設立に必要な手続きがすべて完了した日付を記入し、「年月日設立の手続終了」と記載。設立の登記は、手続きの終了した日付から2週間以内に申請をする必要があり、ここに記載した日付がその登記期間の起算日となる。設立登記の申請日を記入すればよい。
ⓔ　「別紙のとおり」と記載。
ⓕ　一般社団法人設立登記の登録免許税は6万円。申請書とは別に、「収

---

[17] https://houmukyoku.moj.go.jp/homu/static/kankatsu_index.html
[18] 前掲・脚注11

入印紙貼付台紙」と記載した紙を用意し、収入印紙を貼る（このとき収入印紙に割印をしてはいけない点に注意）。

ⓖ 公証人の認証を受けた定款は必ず添付書類となる（それ以外の添付書類については**第2節**を参照）。

ⓗ 登記申請日（管轄の法務局に登記申請書を持参する日）を記載。

ⓘ 設立する一般社団法人の主たる事務所の所在場所、名称を記載。

ⓙ 代表理事個人の住所・氏名を記載。代表理事が複数名いる場合は、そのうち、法人代表者印の届出を行う代表理事の名前で申請（複数名の代表理事が法人代表者印を届け出る場合は、そのうちの1名の住所・氏名を記載）。

ⓚ 代表理事が届出を行う法人代表者印（法人実印）で押印。申請後に補正が必要な場合に、印鑑が手元になくても修正ができるよう、捨印を押印しておくとよい。

ⓛ 日中連絡の可能な電話番号を記載（登記申請後に補正が必要な場合、電話がかかってくることがある）。

ⓜ 管轄の法務局を記載（本節【1】を参照）。

一般社団法人設立登記申請書

　　フリガナ　　　　　ミョウジケンテイキョウカイ　　…　ⓐ
1. 名　　称　　　　　一般社団法人名字検定協会　　　…　ⓑ

1. 主たる事務所　　　東京都千代田区神田神保町五丁目4番地3　…　ⓒ

1. 登記の事由　　　　令和7年○○月○○日設立の手続終了　　…　ⓓ

1. 登記すべき事項　　別紙のとおり　　…　ⓔ

1. 登録免許税　　　　金60,000円　　…　ⓕ

1. 添付書類　…　ⓖ
　　　　定　　款　　　　　　　　　　　　1通
　　　　設立時社員の決定書　　　　　　　1通
　　　　就任承諾書　　　　　　　　　　　4通
　　　　設立時代表理事の印鑑証明書　　　1通
　　　　設立時理事及び設立時監事の本人確認証明書　3通

上記のとおり、登記の申請をします。
　　　令和7年○○月○○日　　　…　ⓗ

　　　　　　　　東京都千代田区神田神保町五丁目4番地3
　　　　　　　　申請人　一般社団法人名字検定協会　　…　ⓘ

　　　　　　　　東京都千代田区九段南八丁目7番6号
　　　　　　　　代表理事　本名　覚　　…　ⓙ

　　　　　　　　　　　　　　　　　　　法人実印
　　　　　　　　　　　　　　　　　　　　　…　ⓚ

　　　　　　　　連絡先の電話番号
　　　　　　　　　　090－○○○○－××××
　　　　　　　　　　　　　…　ⓛ
　　　　　　　　　　　　　　　　　　　法人実印
東京法務局　御中　　…　ⓜ

第4節 登記申請書の別紙を作成する

　本節では、登記申請書の別紙、つまり登記申請書のうち「登記すべき事項」を確認したうえで、書類の作成方法を解説します。

　登記すべき事項に記載された内容は、基本的にそのまま登記簿謄本に記載されます。誤って記載してしまうと、法務局から補正の連絡（この場合「修正をしてください」という連絡）があるものですが、法務局も記載の誤りに気付かずに登記が完了してしまうと、登記完了後に登録免許税を2万円支払ったうえで更正の登記を申請しなければなりません。

　このように、登記すべき事項は登記申請書の中でも特に重要な箇所ですので、細心の注意を払って作成しましょう。

【1】 一般社団法人の登記すべき事項の内容

　第3章では、一般社団法人の定款作成方法をみてきました。定款は一般社団法人のさまざまなルールが記載された非常に重要な書類ですが、定款に記載した内容のすべてを登記するわけではなく、また定款で定めていない内容についても一部登記をする必要があります。

　定款と登記簿謄本（履歴事項全部証明書）には決定的な違いがあります。定款は内部書類であり、登記簿謄本は誰もが見ることができる書類という違いです。

　定款は内部書類のため、法人設立後にその閲覧請求をすることができるのは、社員と債権者に限られます。

　これに対して、登記簿謄本に記載されている内容は、世界中の誰もが見ることができます。法人との利害関係も一切必要ありません。

　このように法人登記が公開されているのは、取引の安全のためといわれています。法人と取引を行う相手方が、取引の相手について事前に一定の情報を得て安心して取引を行えるようにすることが目的です。

142　第4章 設立登記の申請をする

したがって、法人と取引をする相手にとって有益な情報を登記すると考えると理解しやすいです。

　登記すべき事項の中には、（1）すべての一般社団法人で登記する事項と、（2）定款その他の方法で定められている場合に限り登記する事項があります。

（1）すべての一般社団法人で登記する事項

○目　　　的
○名　　　称
○主たる事務所の所在場所
○理事の氏名
○代表理事の氏名、住所
○公告方法

（2）定款その他の方法で定められている場合に限り登記する事項

○従たる事務所の所在場所
○一般社団法人の存続期間または解散の事由についての定款の定めがあるときは、その定め
○（社員総会参考書類等の内容である情報について）電子提供措置をとる旨の定款の定めがあるときは、その定め（一般法人法47の2）
○理事会設置一般社団法人であるときは、その旨
○監事設置一般社団法人であるときは、その旨および監事の氏名
○会計監査人設置一般社団法人であるときは、その旨および会計監査人の氏名または名称
○一般法人法114条1項の規定による役員等の責任の免除についての定款の定めがあるときは、その定め
○一般法人法115条1項の規定による非業務執行理事等が負う責任の限度に関する契約の締結についての定款の定めがあるときは、その定め

○公告方法を官報に掲載する方法または時事に関する事項を掲載する日刊新聞紙に掲載する方法のいずれかに定めている法人が、決算公告のみをインターネットで公告するとしている場合のそのURL

○公告方法として電子公告を定めている法人は、電子公告を掲載するURL

○公告方法として電子公告を定めている法人が、事故その他やむをえない事由によって電子公告による公告をすることができない場合の公告方法として、官報に掲載する方法または時事に関する事項を掲載する日刊新聞紙に掲載する方法のいずれかを定めているときは、その定め

（注）設立に関係のない規定について一部省略。

　一般社団法人の場合、株式や資本金が存在しない分、株式会社と比べるとかなりシンプルな内容になります。

【2】登記すべき事項の記載方法

　では、実際に登記すべき事項（別紙）の記載方法を見ていきましょう。

　下記は、本書に掲載の**定款サンプルⅠ**（85頁）と**定款サンプルⅡ**（95頁）の法人について、それぞれ登記すべき事項の記載例です。

　実際に登記すべき事項を作成する際は、法務省ウェブサイト[19]が参考になります。

---

[19] 法務省「登記事項の作成例一覧」内「0201-1一般社団法人・設立.txt」
https://www.moj.go.jp/content/001344031.txt

❖ 別紙記載例（最も登記すべき事項の項目が少ないケース）

「名称」一般社団法人森林を守る会　　　　　　　　　　……ⓐ

「主たる事務所」千葉県浦安市猫実七丁目６番５号　　　……ⓑ

「法人の公告方法」当法人の主たる事務所の公衆の見やすい場所に掲示
する方法により行う。　　　　　　　　　　　　　　　　……ⓒ

「目的等」　　　　　　　　　　　　　　　　　　　　　　……ⓓ

目的

当法人は、持続可能な森林の管理と保護を実現することを目的とし、その目的に資するため、次の事業を行う。

1　植樹活動及び森林再生プロジェクトの実施

2　森林生態系に関する調査

3　気候変動に関する研究

4　森林保護に関するセミナー、ワークショップの企画及び運営

5　森林保護に関する政策の提言

6　森林保護のための募金活動

7　その他当法人の目的を達成するために必要な事業

「役員に関する事項」　　　　　　　　　　　　　　　　　……ⓔ

「資格」代表理事

「住所」千葉県浦安市北栄八丁目９番10号

「氏名」森田守

「役員に関する事項」

「資格」理事

「氏名」森田守

「登記記録に関する事項」設立　　　　　　　　　　　　　……ⓕ

ⓐⓒⓓ　定款のとおり記載。

ⓑ　設立時社員の決定書のとおり記載。

ⓔ　代表理事の住所・氏名、理事の氏名を、印鑑登録証明書のとおり記載。

ⓕ　「設立」と記載。

第4節　登記申請書の別紙を作成する　145

❖ 別紙記載例（理事会・監事の設置あり、役員等の責任の免除についての定款の定めあり、非業務執行理事等が負う責任の限度に関する契約の締結についての定款の定めありのケース）

「名称」一般社団法人名字検定協会

「主たる事務所」東京都千代田区神田神保町五丁目４番地３

「法人の公告方法」官報に掲載する方法により行う。

「目的等」

目的

当法人は、名字に関する正しい知識を普及することを目的とし、その目的に資するため、次の事業を行う。

1　名字検定試験の実施及び認定証の付与

2　名字に関する知識を育むための勉強会の企画及び実施

3　名字に関する研究及び調査

4　名字に関する出版物の発行

5　その他当法人の目的を達成するために必要な事業

「役員に関する事項」

「資格」代表理事

「住所」東京都千代田区九段南八丁目７番６号

「氏名」本名覚

「役員に関する事項」

「資格」理事

「氏名」本名覚

「役員に関する事項」

「資格」理事

「氏名」氏家亜記

「役員に関する事項」

「資格」理事

「氏名」平佳奈

「役員に関する事項」　　　　　　　　　　　　　　　　　……ⓐ

「資格」監事

「氏名」会田計

「役員等の法人に対する責任の免除に関する規定」 ……ⓑ

当法人は、一般法人法第１１４条第１項の規定により、理事又は監事が任務を怠ったことによる損害賠償責任について、法令に規定する額を限度として、理事会の決議により、免除することができる。

「非業務執行理事等の法人に対する責任の限度に関する規定」 ……ⓒ

当法人は、一般法人法第１１５条第１項の規定により、理事（業務執行理事又は当該法人の使用人でないものに限る。）又は監事との間で、任務を怠ったことによる損害賠償責任の限定契約を締結することができる。ただし、その責任の限度額は、金〇万円以上で当法人があらかじめ定めた額と法令で定める最低責任限度額とのいずれか高い額とする。

「理事会設置法人に関する事項」 ……ⓓ

理事会設置法人

「監事設置法人に関する事項」 ……ⓔ

監事設置法人

「登記記録に関する事項」設立

ⓐ 　監事の氏名は本人確認証明書のとおり記載。

ⓑ ⓒ 　定款のとおり記載。

ⓓ 　理事会設置法人である旨を記載。

ⓔ 　監事設置法人である旨を記載。

【3】登記すべき事項（別紙）の提出方法

別紙の作成が完了したら、次のいずれかの方法で法務局に提出します。

（1）Ａ４用紙に印刷し、登記申請書と一緒に提出

この場合は、登記申請書に押印したのと同じ法人代表者印（法人実印）を別紙にも押印する必要があります。別紙が複数ページになる場合は、法人代表者印で各ページのつづり目等に契印をします。

第4節 登記申請書の別紙を作成する 147

（2）ＣＤ－Ｒ等の電磁的記録媒体に記録したうえで登記申請書とともに提出

この場合は、法務省ウェブサイト[20]より詳細を確認してください。

（3）登記・供託オンライン申請システムにより提出

別紙（登記すべき事項）以外の申請書を書面で提出する場合でも、登記すべき事項のみを法務省の登記・供託オンライン申請システムを利用してオンラインで提出することができます。

オンラインで登記すべき事項の提出を行うと、登記申請後の完了連絡や補正連絡をインターネットで受けることができ、とても便利です。

具体的な利用方法については、法務省のウェブサイト[21]を参照するとよいでしょう。

---

[20] 法務省「商業・法人登記申請における登記すべき事項を記録した電磁的記録媒体の提出について」
https://www.moj.go.jp/MINJI/MINJI50/minji50.html
[21] 法務省「登記・供託オンライン申請システムによる登記事項の提出について」
https://www.moj.go.jp/MINJI/minji06_00051.html

第5節 印鑑届書を作成する

【1】印鑑届書を作成する

　印鑑届とは、法人代表者印として登録する印鑑を法務局に届け出る手続きです。ここまで何度も「法人代表者印」が登場してきましたが、法務局へ印鑑届書を提出することにより、印鑑届書の届出印欄へ押印した印鑑が法人代表者印となります。

　印鑑届書は、法人の設立登記申請書といっしょに法務局へ提出する必要があります。法務局のウェブサイト[22]のひな形を使用するとよいでしょう。

　このとき押印した法人代表者印の印影が、法人の印鑑証明書の印影として使用されます。印影が欠けていたり、かすれてしまっていたりすると、それがそのまま印鑑証明書の印影となってしまうので、必ず鮮明に押印しましょう。もしも押印を失敗してしまった場合は、印鑑届書を作成しなおしましょう。

【2】控えをとっておく

　印鑑届書は、原本を提出する必要があるので、控え（コピーまたはスキャンデータ）を残しておきましょう。

　筆者が既に設立されている法人の変更登記手続きの申請代理を受任した際、「ここに法人代表者印を押印してください」というと、「どれが法人代表者印かわかりません」という依頼者がときどきいるものです。

　印鑑届書の控えを残しておき、いつでも法人代表者印の印影を確認できるようにしておきましょう。

---

[22] 法務局「登記事項証明書（商業・法人登記）・印鑑証明書等の交付請求書の様式」
https://houmukyoku.moj.go.jp/homu/COMMERCE_11-2.html

印 鑑 （改印） 届 書

※ 太枠の中に書いてください。

東京 （地方） 法務局　　ⓐ　　支局・出張所　令和 7 年 ○ 月 ○ 日 届出　　ⓑ

（注1）（届出印は鮮明に押印してください。）	商号・名称	一般社団法人名字検定協会	
ⓒ　　法人 代表者印	本店・主たる事務所	東京都千代田区神田神保町 五丁目4番地3	ⓓ
	印鑑提出者　資格	代表取締役・取締役・代表理事 理事・（　　　　　）	
	氏名	本名　覚	
	生年月日	大・昭・平・西暦　6 年 7 月 5 日生	

□ 印鑑カードは引き継がない。
（注2）□ 印鑑カードを引き継ぐ。

会社法人等番号　　ⓔ

印鑑カード番号 _____
前 任 者 _____

届出人（注）　☑ 印鑑提出者本　　□ 代理人

住　所	東京都千代田区九段南八丁目7番6号　ⓕ	（注3）の印 （市区町村に登録した印） ※ 代理人は押印不要
フリガナ	ホンナ　サトル	個人 実印
氏　名	本名　覚	ⓖ

委 任 状

私は、（住所）

　　　（氏名）

を代理人と定め、□印鑑（改印）の届出、□添付書面の原本還付請求及び受領
の権限を委任します。

　　　　　　年　　　月　　　日

住　所

氏　名　　　　　　　　　　　　　　　　　　　　印　　（注3）の印
　　　　　　　　　　　　　　　　　　　　　　　　　　〔市区町村に
　　　　　　　　　　　　　　　　　　　　　　　　　　登録した印〕

☑ 市区町村長作成の印鑑証明書は、登記申請書に添付のものを援用する。　（注4）

（注1）　印鑑の大きさは、辺の長さが1cmを超え、3cm以内の正方形の中に収まるものでなければなりません。

（注2）　印鑑カードを前任者から引き継ぐことができます。該当する□にレ印をつけ、カードを引き継いだ場合には、その印鑑カードの番号・前任者の氏名を記載してください。

ⓐ　管轄の法務局を記載。
ⓑ　登記申請日を記載。
ⓒ　法人代表者印として届け出る印鑑を押印。
ⓓ　法人の主たる事務所の所在場所を記載。
ⓔ　設立登記申請時は会社法人等番号が未定のため、記入不要。
ⓕ　設立時代表理事個人の住所を記載。
ⓖ　設立時代表理事個人の実印を押印。

（乙号・8）

第6節 設立登記の申請書を提出する

前節までで登記申請に必要な書類の準備がすべて完了しました。いよいよ、設立登記の申請です。

申請は、管轄の法務局の窓口で申請書類一式を提出する方法、または管轄の法務局へ申請書類一式を郵送する方法により行います。

【1】法人の設立日

法務局が登記申請を受け付けた日付が法人の設立日となります。したがって、過去の日付や未来の日付を設立日とすることはできません。

また、法務局が営業していない土日祝日や年末年始は登記申請の受付をしてもらえないため、法人の設立日とすることができません。

法人の設立日は登記簿謄本にも記載されますが、設立登記申請のときにだけ決定することのできる事項ですので、こだわりの日付がある場合は、その日付に登記申請ができるよう、逆算して手続きを進めましょう。

窓口で申請書等の提出をする場合は、設立希望日の営業時間に管轄の法務局に申請書類を持ち込めばよいですが、郵送の場合は、設立希望日の営業時間内に法務局へ申請書類が到着するように発送しなければなりません（発送した日付ではなく、法務局に書類が届いた日が設立日となる）。

郵便の場合は、配達の遅延や郵便事故の可能性もあるので「法人の設立日は絶対にこの日がよい」という日付がある場合は、法務局の窓口に直接持ち込みましょう。

【2】提出書類を整える

次のとおり、提出書類を整えましょう。

(A) 登記申請書（別紙以外）と収入印紙貼付台紙を左側で合綴し、各ページのつづり目等に法人代表者印（法人実印）で契印。

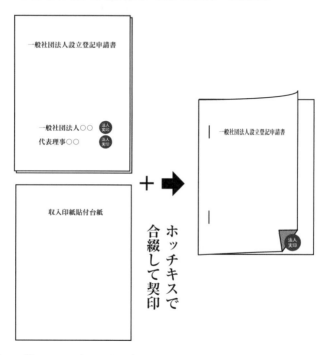

(B) (A)に続けて、次の順で書類を重ねる。

①	登記申請書の別紙（登記すべき事項）	登記すべき事項を印刷して提出する場合に必要。
②	定　　款	公証人が認証した定款の謄本。
③	原本還付のためコピー・合綴した書類の一式	原本還付については本章第2節を参照。
④	印鑑届書	印鑑届書については本章第5節を参照。
⑤	添付書類の原本一式	添付書類については本章第2節を参照。
⑥	添付書類の原本受け取り用レターパック	郵送申請の場合のみ。宛名には主たる事務所の住所と設立する法人名を記載。

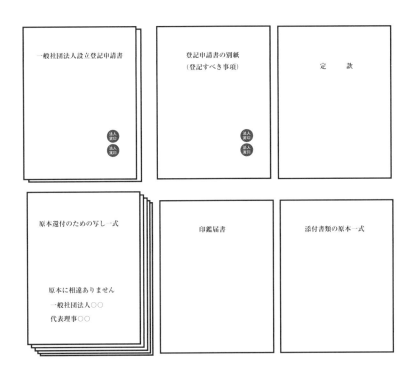

（C） 収入印紙貼付台紙に６万円分の印紙を貼り付ける（このとき、割印をしないで貼り付ける点に注意）。

【3】申請書類一式を提出する

　提出書類を整えたら、法務局に提出して登記の申請をしましょう。法務局の登記申請受付日が法人の設立日となることは、前述のとおりです。

　設立希望日の営業時間に管轄法務局の商業・法人登記の窓口へ申請書類一式を提出します。法務局の窓口対応時間は、祝日と年末年始を除く、月曜日から金曜日の午前9時から午後5時です（業務取扱時間は午前8時30分から午後5時15分）。

　法務局の窓口で書類を提出する際、登記の完了予定日についても確認をしておきましょう。登記・供託オンライン申請システムにより登記すべき事項（別紙）の提出をする場合を除き、法務局から登記の完了連絡はありませんので、登記申請時に登記完了予定日を確認し、登記完了予定日以降に管轄法務局へ電話で登記が完了しているか、確認しましょう。

　登記の申請から完了までに要する時間は、法務局が抱えている審査中の案件によって変わりますが、一般的に2週間から3週間程です[23]。

【4】登記申請後に補正の連絡があった場合

　登記の申請後、書類の不備や不足があった場合は、登記申請書に連絡先の電話番号として記載した電話番号へ、法務局から補正の連絡が入ります。法務局の指示に従って補正の対応をしましょう。

　提出した書類の修正が必要な場合には、登記申請をした法務局へ再度出向くことになります。

　申請書や添付書類の修正が必要な場合、捨印が押してあれば印鑑を持参せずとも修正が可能ですが、捨印がない場合には修正の必要な書類に押印してある印鑑と同じ印鑑を法務局へ持参しなければならないため、**申請書や押印の必要な添付書類には、可能な限りあらかじめ捨印を押印しておきましょう。**

　なお、仮に補正指示を受けて補正をした場合でも、法務局の指示のとおり補正対応を行い登記が完了すれば、法人設立日がずれることはなく、あくまでも最初の設立登記申請の受付日が法人設立日となります。

| 第7節 | 履歴事項全部証明書と印鑑証明書を取得する |

管轄の法務局への電話で審査の完了を確認したら、管轄の法務局で印鑑カードの交付を受け、履歴事項全部証明書と印鑑証明書を取得しましょう。履歴事項全部証明書は法人の登記簿に記録されている内容について、印鑑証明書は法務局に登録している代表者印の印鑑について、それぞれ法務局が証明した証明書です。

【1】 印鑑カードの交付申請をする

印鑑カードとは、設立した法人の印鑑証明書の請求をする際に必要なカードです。

印鑑カードの交付申請は、設立の登記を申請した法務局に対して行います。

印鑑カードの交付申請書は、法務局にも備え付けてあります。あらかじめ記入した状態のものを持参する場合は、法務局のウェブサイト[24]のひな形を使用するとよいでしょう。

法務局で交付申請書を記載する場合も、あらかじめ記入・押印をした交付申請書を持参する場合も、必ず法人代表者印を持参しましょう。記載に万が一不備があった場合でも、法人代表者印があれば、その場で申請書の修正や、新たに作成をすることができます。

---

[23] なお、一般社団法人の設立では、管轄の法務局によって登記完了予定日よりもかなり早期に登記が完了するケースもある。完了予定日よりも前に登記が完了しているかを確認したい場合は、国税庁の法人番号公表サイト（前掲・脚注11）にて設立した法人の名称を検索し、既に登録がされていれば登記が完了していることになる（登記完了日から法人番号公表サイトへの掲載日までは1～2営業日程度タイムラグがある）。

[24] 前掲・脚注22

印鑑カード交付申請書

※ **太枠の中に書いてください。**

東京　（地方）法務局　ⓐ　支局・出張所　令和7 年　○ 月 ○ 日 申請　ⓑ　照合印

(注1) 登記所に提出した 印鑑の押印欄	商号・名称	一般社団法人名字検定協会	
法人 代表者印 ⓒ （印鑑は鮮明に押印してください。）	本店・主たる事務所	東京都千代田区神田神保町五丁目4番地3 ⓓ	
	印鑑提出者 資　格	代表取締役・取締役・代表社員・代表理事・理事・支配人 （　　　　　　　　　　　　　　　　　　　　）	
	氏　名	本名　覚	
	生年月日	大・昭・平・西暦　6　年　7　月　5　日生	
	会社法人等番号	ⓔ	

申　請　人　（注2）☑印鑑提出者本人　□代理人

住　所	東京都千代田区九段南八丁目7番6号　ⓕ	連絡先	□ 勤務先　□ 自宅 ☑ 携帯電話
フリガナ	ホンナ　サトル		電話番号
氏　名	本名　覚		090-○○○○-××××

委　任　状

　私は,（住所）

　　　（氏名）

を代理人と定め、印鑑カードの交付申請及び受領の権限を委任します。

　　　年　　　月　　　日

　住　所

ⓐ　管轄の法務局を記載
ⓑ　交付申請日を記載
ⓒ　法人の代表者印を押印
ⓓ　法人の主たる事務所の所在場所を記載
ⓔ　会社法人等番号が不明な場合は省略可能
ⓕ　法人代表者印を届け出ている代表理事個人の住所を記載

(乙号・9)

【2】履歴事項全部証明書を取得する

　履歴事項全部証明書は、法人設立後、役所への届出や金融機関での口座開設時にも提出を求められます。

　あらかじめ取得の必要な通数を確認しておきましょう。

　履歴事項全部証明書を取得する際は、「登記事項証明書・登記簿謄抄本・概要記録事項証明書　交付申請書」（158頁）を使用します。

　こちらも法務局にも備え付けてありますが、あらかじめ記入した状態のものを持参する場合は、法務局のウェブサイト[25]のひな形を使用するとよいでしょう。

　記入を終えたら、証明書発行窓口に提出します。

　このとき、請求した通数に応じた金額（1通あたり600円）の印紙を購入するよう窓口で指示されます。

　なお、履歴事項全部証明書は、請求する法人の関係者でなくとも、誰でも自由に請求することのできる書類です。

---

[25]　前掲・脚注22

| 会社法人用 | 登　記　事　項　証　明　書
登　記　簿　謄　抄　本　交付申請書
概　要　記　録　事　項　証　明　書 | |

※ 太枠の中に書いてください。

　　　　　（地方）法務局　　　　　支局・出張所　　　　　年　　月　　日　申請

窓口に来られた人 （申請人）	住　　所	東京都千代田区九段南八丁目7番6号	収入印紙欄
	フリガナ	ホンナ　サトル	
	氏　　名	本名 覚	収　入 印　紙
商号・名称 （会社等の名前）		一般社団法人名字検定協会　　ⓐ	
本店・主たる事務所 （会社等の住所）		東京都千代田区神田神保町五丁目4番地3　　ⓑ	収　入 印　紙
会社法人等番号		ⓒ	

※　必要なものの□にレ印をつけてください。

請　　　　求　　　　事　　　　項	請求通数
①**全部事項証明書（謄本）** ☑　履歴事項証明書 (閉鎖されていない登記事項の証明)　　ⓓ 　※現在効力がある登記事項に加えて、当該証明書の交付の請求があった日の3年前の日の 　　属する年の1月1日から請求があった日までの間に抹消された事項等を記載したものです。 　□　現在事項証明書 (現在効力がある登記事項の証明) 　□　閉鎖事項証明書 (閉鎖された登記事項の証明) 　※当該証明書の交付の請求があった日の3年前の属する年の1月1日よりも前に 　　抹消された事項等を記載したものです。	ⓔ 5　通
②**一部事項証明書（抄本）**　　※　**必要な区を選んでください。** 　　　　　　　　　　　　　　　□　株式・資本区 　□　履歴事項証明書　　　　　□　目的区 　□　現在事項証明書　　　　　□　役員区 　□　閉鎖事項証明書　　　　　□　支配人・代理人区 　※ 商 号・名 称 区 及 び　　※2名以上の支配人・参事等がいる場合で、その一部の者のみを請求するときは、 　　会 社・法 人 状 態 区　　　その支配人・参事等の氏名を記載してください。 　　は ど の 請 求 に も　　　　　　　　（氏名　　　　　　　　　） 　　表 示 さ れ ま す。 　　　　　　　　　　　　　　□　その他（　　　　　　　　　　　　）	通
③□　**代表者事項証明書**　（代表権のある者の証明） ※2名以上の代表者がいる場合で、その一部の者の証明のみを請求するとき は、その代表者の氏名を記載してください。 氏名（　　　　　　　　）	通
④**コンピュータ化以前の閉鎖登記簿の謄抄本** 　□　　コンピュータ化に伴う閉鎖と登記簿謄本 　□　閉鎖謄本 (　　　　年　　　月　　　日閉鎖) 　□　閉鎖役員欄 (　　　　年　　　月　　　日閉鎖)	通

収入印紙は割印をしないでここに貼ってください。
（登記印紙も使用可能）

　ⓐ　法人の種別（一般社団法人）を含め、名称を記載。
　ⓑ　法人の主たる事務所の所在場所を記載。
　ⓒ　会社法人等番号が不明な場合は省略可能。
　ⓓ　謄本の種類を選択。「①全部事項証明書（謄本）」のうち「履歴事項
　　　証明書」にチェック。
　ⓔ　取得の必要な通数を記載。

（乙号・6）

158　第**4**章 設立登記の申請をする

【3】 印鑑証明書を取得する

　印鑑証明書を取得する際は、「印鑑証明書交付申請書」（160頁）を使用します。

　他の書類と同様、法務局に備え付けてあるほか、法務局のウェブサイト[26]にもひな形があります。

　履歴事項全部証明書と同様、証明書発行窓口に提出します。同様に請求した通数に応じた金額（1通あたり500円）の印紙を購入するよう窓口で指示されます。

【4】 証明書発行請求機のある法務局では

　証明書発行請求機が設置されている法務局では、印鑑カードを利用することで、交付申請書の記載をせずに履歴事項全部証明書や印鑑証明書の発行請求をすることができ、非常に便利です。

　証明書発行請求機を利用する際は、法人代表者印の登録をしている代表理事の生年月日をパスワード代わりに入力する必要があります。生年月日を入力する際、代表理事の生年月日が元号で登録されている場合には元号を選択する必要がありますので、注意しましょう。

---

[26] 前掲・脚注22

会社法人用	印鑑証明書交付申請書	

※ 太枠の中に書いてください。

（地方）法務局　　　支局・出張所　　　年　　　月　　　日 申請

商号・名称 （会社等の名前）	一般社団法人名字検定協会	収入印紙欄
本店・主たる事務 （会社等の住所）	東京都千代田区神田神保町五丁目４番地３	収　入 印　紙
支配人・参事等を 置いた営業所又は 事務所		
印鑑提出者　資　格	代表取締役・取締役・代表社員・⟨代表理事⟩・理事・支配人 （　　　　　　　　　　　　　　　　　　　）	収　入 印　紙
氏　名	本名　覚　　　　　　　ⓐ	
生年月日	大・昭・㊤・西暦　　６　年　７　月　５　日生　ⓑ	収入印紙は割印をしな
印鑑カード番号	１２３４－１２３４５６７　　ⓒ	（登記印紙も使用
請求通数	５　通	

窓口に来られた人（申請人） ※いずれかの□にレ印をつけ、代理人の場合は住所・氏名を記載してください。

> ⓐ 法人代表者印を届け出ている代表理事の氏名を記載。
> ⓑ 法人代表者印を届け出ている代表理事の生年月日を記載。
> ⓒ 印鑑カードに記載されている番号を記載。
> ⓓ 印鑑カードの提出が必要。

※代理人の場合でも委任状は必要ありません。

※必ず印鑑カードを添えて申請してください。 ⓓ

交 付 通 数	整 理 番 号	手 　 数	受 付・交 付 年 月 日

（乙号・１１）

160　第４章 設立登記の申請をする

第5章

設立後すぐに
やるべきこと

一般社団法人を設立した後には、やるべきことが数多くあります。

第1節 税金関係の届出

　届出が必要な事実等が生じた際は、各種届出書を提出期限までに納税地の所轄税務署長に提出する必要があります。

【1】一般社団法人を設立したとき

（1）普通型法人の場合

届　　出	提出期限
📋法人設立届出書	設立の日以後 2 か月以内。
📋青色申告承認申請書	設立の日以後 3 か月を経過した日と、その事業年度終了の日のうち、いずれか早い日の前日まで。
📋給与支払事務所等の開設届出書	給与の支払事務を取り扱う事務所等を開設した日から 1 か月以内。[27]
📋源泉所得税の納期の特例の承認に関する申請書	特に定められていない。

　このほか都道府県税事務所、市町村への法人設立届出書の提出も必要です。

（2）非営利型法人の場合

届　　出	提出期限
📋給与支払事務所等の開設届出書	給与の支払事務を取り扱う事務所等を開設した日から 1 か月以内。[28]
📋源泉所得税の納期の特例の承認に関する申請書	特に定められていない。

[27, 28] 従業員等への給与の支払いの予定がなくとも、「源泉所得税の納期の特例の承認に関する申請書」とセットで提出しておくのが一般的。

162　第5章 設立後すぐにやるべきこと

普通型と異なり、税務署への「法人設立届出書」の提出は必要ありません。ただし、**都道府県税事務所、市町村への法人設立届出書の提出は必要**です。
　なお、設立と同時に収益事業を開始する場合は「収益事業開始届出書」（下記【2】）を提出する必要があります。

【2】収益事業を開始したとき（非営利型法人）

届　　出	提出期限
収益事業開始届出書	収益事業を開始した日以後2か月以内。
青色申告承認申請書	収益事業を開始した日以降3か月を経過した日と、その事業年度終了の日とのうちいずれか早い日の前日まで。

都道府県税事務所、市町村へ収益事業を開始した旨を届け出ます。

【3】収益事業を廃止したとき（非営利型法人）

届　　出	提出期限
収益事業廃止届出書	収益事業を廃止した日以後速やかに。

都道府県税事務所、市町村へ収益事業を廃止した旨を届け出ます。

【4】普通型法人から非営利型法人になったとき

届　　出	提出期限
異動届出書	非営利型法人になった日以後速やかに。

同様に、都道府県税事務所、市町村への異動届出書の提出も必要です。

第1節　税金関係の届出　163

【5】収益事業を行う非営利型法人が普通型法人になったとき

届　　出	提出期限
異動届出書	普通型法人になった日以後速やかに。

　同様に、都道府県税事務所、市町村への異動届出書の提出も必要です。

【6】収益事業を行っていない非営利型法人が普通型法人になったとき

届　　出	提出期限
普通法人となった旨の届出書	普通型法人になった日以後2か月以内。

　同様に、都道府県税事務所、市町村への異動届出書の提出も必要です。

【7】インボイス登録（適格請求書発行事業者の登録）をするとき

（1）法人設立日からインボイス登録を受けたい場合

届　　出	提出期限
適格請求書発行事業者の登録申請書	事業を開始した日（法人設立日）の属する課税期間の末日。

（注）令和5年10月1日から令和11年9月30日までの日の属する課税期間。

　なお、「令和5年10月1日～令和11年9月30日」の日の属する課税期間後は、消費税課税事業者選択届出書の提出も必要です。

（2）法人設立日後の日にインボイス登録を受けたい場合

届　　出	提出期限
適格請求書発行事業者の登録申請書	登録希望日から起算して15日前の日。

（注）令和5年10月1日から令和11年9月30日までの日の属する課税期間。

164　第5章 設立後すぐにやるべきこと

なお、「令和5年10月1日～令和11年9月30日」の日の属する課税期間**後**は、消費税課税事業者選択届出書の提出も必要です。

【8】 消費税簡易課税制度を選択したいとき[29]

（1）インボイス登録日の属する課税期間中に簡易課税を選択したい場合

届　　出	提出期限
📋消費税簡易課税制度選択届出書	インボイス登録日の属する課税期間の末日。

（注）令和5年10月1日から令和11年9月30日までの日の属する課税期間中に免税事業者がインボイス登録をすることで課税事業者になった場合。

（2）事業を開始した日（法人設立日）の属する課税期間から簡易課税を選択したい場合（上記（1）の場合を除く）

届　　出	提出期限
📋消費税簡易課税制度選択届出書	事業を開始した日（法人設立日）の属する課税期間の末日。

（3）上記（1）（2）以外の場合

届　　出	提出期限
📋消費税簡易課税制度選択届出書	適用を受けようとする課税期間の初日の前日。

【9】 その他の税務上の届出書

　上記【1】～【8】以外にも、税務上の届出書は多数存在します。

　届出が必要な事実等が生じたときは、各種届出書を提出期限までに納税地の所轄税務署長、都道府県税事務所、市町村に提出しましょう。

---

[29] 簡易課税制度を選択できないまたは適用できない場合あり。

第1節 税金関係の届出　165

第2節 人の雇用等に関する届出

　一般社団法人でもほかの法人と同様、役員に報酬を払う場合や従業員を雇用する場合には社会保険、労災保険、雇用保険の加入手続きが必要となります。

【1】社会保険に関する手続き

　一般的に社会保険とは、健康保険と厚生年金保険のことをいいます。

　株式会社や一般社団法人など「法人」については、社会保険への加入が義務付けられています。一般社団法人を設立した際には、設立から5日以内に所轄の年金事務所への届出が必要となります。

　なお、役員が全員無報酬で、雇用している従業員等もいない場合には、社会保険の加入は不要です。

（1）健康保険・厚生年金保険新規適用届

　一般社団法人が健康保険・厚生年金保険に加入すべき要件を満たした場合に提出する届出です。この届とあわせて、被保険者となる人の「被保険者資格取得届」と、被扶養者がいる場合は「被扶養者（異動）届」を提出します。

（2）健康保険・厚生年金保険 被保険者資格取得届

　この届出は、従業員を採用した場合等、新たに健康保険および厚生年金保険に加入すべき者が生じた場合に、事業者が行うものです。

（3）健康保険被扶養者（異動）届

　この届出は、新たに全国健康保険協会管掌健康保険（協会けんぽ）の被保険者となった者に被扶養者がいる場合や被扶養者の追加、削除、氏名変更等があった場合、被保険者が事業主を経由して行うものです。

166　第5章 設立後すぐにやるべきこと

（1）～（3）の提出期限等は下記のとおりです。詳細は協会けんぽのウェブサイト等をご参照ください。

提出期限	事実発生から5日以内
提出先	事業所の所在地を管轄する年金事務所
提出方法	電子申請、郵送、持参

【2】社会保険に加入すべき場合

　一般社団法人においては、代表理事であっても無報酬であったり、低額の役員報酬のみであったり、あるいは非常勤理事や非常勤監事が理事会等への出席に応じて役員報酬を受け取るといった、一般社団法人ならではの役員報酬の受取りが見受けられます。

　このような場合や、従業員、アルバイト・パートを雇用し給与を支払う場合に、社会保険に加入すべきかどうかについてまとめたものが、次の表です。

第2節　人の雇用等に関する届出　167

役職 雇用形態	働き方	社会保険	
		健康 保険	厚生 年金
代表理事	役員報酬あり	○	○
	役員報酬なし	−	−
常勤理事	役員報酬あり	○	○
常勤監事	役員報酬なし	−	−
非常勤理事	役員報酬あり	△	△
非常勤監事	役員報酬なし	−	−
従業員	常勤雇用	○	○
	上記以外（日雇い等）	−	−
パート アルバイト	＜厚生年金保険の被保険者数が50人以下の場合＞ 週の所定労働時間がフルタイム勤務者の４分の３以上。 ただし以下の場合は除く。 ①日々雇い入れられる場合 ②２か月以内の期間を定めて使用される場合 ③所在地が一定しない事業所に使用される場合 ④季節的業務（４か月以内）に使用される場合 ⑤臨時的事業の事業所（６か月以内）に使用される場合	○	○
	上記以外	−	−

○……原則として加入義務あり。 −……原則として加入義務なし。
△……勤務実態や報酬額に応じて総合的に判断。

【3】労働保険（労災保険・雇用保険）に関する手続き

　労働保険とは、労働者災害補償保険（いわゆる「労災保険」）と雇用保険を総称したものです。保険給付はそれぞれの制度で別個に行われますが、保険料の納付などは一体として取り扱われます。

　事業主は、業種や規模を問わず、労働者（パートタイマーやアルバイトを含む）を１人でも雇用している場合、労働保険の適用事業となり、加入手続きを行い、保険料を納付する義務があります。

（1）労災保険

　労災保険とは、労働者が業務上の事由または通勤によって負傷したり、病気に見舞われたり、あるいは不幸にも死亡された場合に被災労働者や遺族を保護するため必要な保険給付を行うものです。また、労働者の社会復帰等を図るための事業も行っています。

❖ 労災保険の提出書類

提出書類	提出先	提出期限
📄保険関係成立届	所轄の労働基準監督署	保険関係が成立した日の翌日から起算して10日以内
📄概算保険料申告書	次のいずれか ・所轄の労働基準監督署 ・所轄の都道府県労働局 ・日本銀行(代理店等可)	保険関係が成立した日の翌日から起算して50日以内

(2) 雇用保険

　雇用保険とは、労働者が失業した場合や雇用の継続が困難となる事由が生じた場合に、労働者の生活および雇用の安定を図るとともに、再就職を促進するため必要な給付を行うものです。また、失業の予防、雇用構造の改善等を図るための事業も行っています。

　雇用保険の適用事業所に雇用される次の労働条件のいずれにも該当する労働者は、原則としてすべて被保険者となります。

⦿ 1週間の所定労働時間が20時間以上であること
⦿31日以上の雇用見込みがあること

　また、パートやアルバイトなど雇用形態や、事業主や労働者からの加入希望の有無にかかわらず、要件に該当すれば加入する必要があります(季節的に一定期間のみ雇用される方や昼間学生の方など、一部被保険者とならない場合あり)。

❖ 雇用保険の提出書類

提出書類	提出先	提出期限
📄雇用保険適用事業所設置届	所轄の公共職業安定所	設置の日の翌日から起算して10日以内
📄雇用保険被保険者資格取得届	所轄の公共職業安定所	資格取得の事実があった日の翌月10日まで

第3節 金融機関口座を作ろう

　一般社団法人を設立したらすぐに行うべき重要な手続きのひとつが、金融機関での口座開設です。口座を早期に開設することで、法人としての資金管理がスムーズになり、各種取引の基盤が整います。

　さらに、**法人口座の開設により、取引先からの信頼も得やすくなります。**

　逆に、一般社団法人を設立しているにもかかわらず、請求書に記載された振込先が個人名義の口座である場合、取引先に不信感を抱かれるおそれがあります。

【1】金融機関の選び方

　一般社団法人が口座を開設しやすい金融機関として、地域に密着した信用金庫やネット銀行が挙げられます。信用金庫は地域社会との結びつきを重視し、地元の事業者を支援する姿勢を持っているため、比較的柔軟な対応が期待できます。まずは、ネット銀行での口座開設を申し込むと同時に、法人の本店所在地に近い信用金庫に相談することをお勧めします。

　一方、地方銀行やメガバンクは、審査が厳格であるため、特に新設の法人では口座開設が難しいといえます。時間がかかるだけでなく、場合によっては必要な書類を準備して口座開設を申し込んでも開設が認められないことも少なくありません。こうした手間を避けるため、まずは信用金庫やネット銀行で口座開設を進めるのが賢明です。

❖ 銀行口座の開設しやすさ

ネット銀行	開設しやすい
信用金庫	
地方銀行	
メガバンク	設立直後は開設困難

【2】バーチャルオフィス利用時の注意点

　一般社団法人の登記上の住所としてバーチャルオフィスを利用している場合、金融機関での口座開設審査が厳しくなる可能性があります。特に大手銀行では、バーチャルオフィスを登記住所としている法人に対して、法人の活動実態の確認が難しいとして審査が通過しにくい傾向があります。

　大手銀行以外の信用金庫やネット銀行であっても法人の活動実態や事業内容について丁寧な説明や資料の提出が求められますし、口座開設の審査が通過しないことも十分あり得ますので、バーチャルオフィスを登記上の住所とする際には注意が必要です。

【3】口座開設に必要な書類

　金融機関で口座を開設する際には、以下のような書類が一般的に求められます。

登記事項証明書：法人の正式な登記内容を証明する書類で、法人の設立を証明するために必要です。

印鑑証明書：法人代表者の印鑑証明書が必要です。また、法人印の印鑑証明書も求められる場合があります。

定款：法人の定款を求められることがあります。

本人確認書類：法人代表者の運転免許証やパスポートなど、本人確認ができる書類が必要です。

法人のＨＰ：一部の金融機関では、法人の活動実態を確認するために、法人のウェブサイトを印刷したものなど、具体的な資料の提示を求められることがあります。

　必要書類は金融機関によって異なるため、事前に確認しておくとスムーズです。

第6章

設立後の運営の
ポイント

本章では、一般社団法人の運営におけるポイントや注意点について解説していきます。

第1節 設立後の法人運営資金

【1】設立後すぐに使う初期費用等

　無事に法人を設立した後は、活動開始前の諸経費や事業を始めるための初期費用をまかなうための資金が必要です。

　株式会社や合同会社の場合、資本金をもとに初期費用などをまかなうことができますが、**一般社団法人には資本金という概念がありません**。そのため、設立時には通常、次の（1）〜（3）の3つの方法で初期費用を調達します。

（1）代表理事や理事からの資金借入

　一般社団法人の初期費用をまかなう方法として最も一般的なのが、代表理事や理事からの借入です。典型的なのが、代表理事や理事が一般社団法人の口座にまとまった資金を預け入れるケースです。また、法人が負担すべき経費を一時的に代表理事や理事が立て替えて支払うことも、広義には借入の一形態といえます。

　こうして代表理事や理事から借り入れた資金で、法人の事業が順調に展開し、法人の資金に余裕が生じた際には、代表理事や理事に対して借入金の返済を行います。

（2）代表理事や理事からの寄付金収入

　代表理事や理事から法人に資金を寄付してもらう方法もあります。資金を法人に入れるという点では（1）の借入と同様ですが、借入が返済を前提としているのに対し、寄付は返済の予定がない資金提供である点で異なります。

　決算書に「借入金」という勘定科目を記載することを避けたい場合、代表理事や理事からの資金調達を寄付として扱うことがあります。

　なお、非営利型一般社団法人の場合、代表理事や理事からの寄付金収入には法人税が課されませんが、**普通型一般社団法人では寄付金収入に対しても**

174　第6章 設立後の運営のポイント

法人税が課税されるため、注意が必要です。

（3）基金制度を活用した資金調達

　一般社団法人の基金制度とは、一般社団法人の活動の原資となる資金を調達し、法人の財政的基礎の維持を図るための制度です。基金制度については一般法人法の131条から145条に規定されていますが、**基金制度を採用するかどうかはその法人の任意**になります。

　基金は一般社団法人側から見ると借入金に似ており、基金の拠出者は基金の返還に係る債権を有することになりますが、一般社団法人が実際に基金を返還するには一定の制限があります。

　基金制度の主な特徴は、以下のとおりです。

❖ 基金制度の特徴

- ◉一般社団法人特有の資金調達制度
- ◉資本金と借入金の中間のイメージ
- ◉基金制度を採用するときは定款に記載する必要がある
- ◉基金を募集する際は一定の手続きが必要
- ◉基金は負債に似ているが貸借対照表では正味財産の部（純資産の部）に記載
- ◉基金は拠出者に返金できるが一定の制限がある

　この基金制度を活用して、一般社団法人設立後の初期費用を調達する**メリットは2つ**あります。

　1つは、**拠出してもらった基金が貸借対照表上、負債の部ではなく純資産の部に記載**されるというメリットです。貸借対照表の負債の部の金額が多いと法人のステークホルダーが貸借対照表を見た際のイメージがどうしても悪くなってしまいますが、純資産の部に記載されることで資本金と同じようなイメージで見てもらいやすくなります。

　2つ目は、**基金制度と社員総会の議決権を連動させることで、社員総会における議決権のコントロールができる**メリットです。社員総会における議決

第1節　設立後の法人運営資金　175

権は原則として社員1人につき1個ですが、定款で定めることにより議決権の個数を調整することができます。

たとえば、「社員1人につき議決権を1個付与し、追加で基金拠出10万円につき1個の議決権を付与する」といった規定を定款に設けることができます。オーナー型の一般社団法人の場合、オーナーが基金を多く拠出することで、オーナー1人で社員総会の議決権の過半数や3分の2以上を保有する状態にすることができます。そうすることで、オーナー1人で社員総会にて理事の選任をしたり、定款変更をしたりできる、<u>安定的な議決権の状態をつくりだす</u>ことができます。

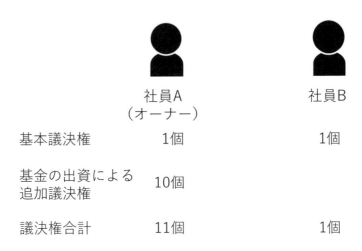

【2】補助金や助成金による資金調達

設立直後の一般社団法人では、資金調達の一環として補助金や助成金の申請を検討することもあるでしょう。これらの制度にはそれぞれ特徴と注意点があります。

(1) 補助金と助成金の違い

補助金は、国（主に経済産業省）や自治体が特定の事業や設備投資等の活動を支援するために交付する資金であり、返済は不要です。

競争型で、予算の上限があるため、申請要件を満たしていても採択されない可能性があります。
　一方、**助成金**は主に厚生労働省が管轄するものです。雇用促進等の支援をするために交付する資金で、返済は不要です。申請要件を満たしていればほぼ100％受給することができます。

（2）活用の際の注意点

　補助金や助成金のために新たな活動を始めるのは本末転倒であり、本来の事業目的を見失わないよう注意が必要です。例えば、「補助金のために新規事業を行う」や「助成金のために新規に人を雇う」といった行動は避けるべきです。

（3）一般社団法人への適用

　一般社団法人を対象としていない補助金や助成金もあるため、注意が必要です。たとえば、小規模事業者持続化補助金は、一般社団法人は補助対象となりませんが、事業再構築補助金は一般社団法人も補助対象となります。

助成団体による助成金

　厚生労働省が管轄する雇用関係の助成金とは別に、公益法人や企業などが公益的な活動を支援するために、特定の事業や活動に対して交付する「助成金」があります。
　代表的な助成団体として、ボートレースの売上金をもとに国内外の社会課題解決に取り組む団体への資金助成を行う公益財団法人日本財団が挙げられます。
　公益的な活動を行う一般社団法人であれば、こうした助成団体が募集する助成金の活用を検討してもよいかもしれません。

【3】法人や個人から寄付を受ける場合の税金

　一般社団法人においては、寄付金による資金調達を検討することも多いと思われます。法人や個人から一般社団法人が寄付を受け取る場合、税務上どのような扱いになるか、簡単にみていきます。

（1）個人から寄付を受ける場合

○寄付をする側の税金

　一般社団法人でよくある質問が「個人から一般社団法人が寄付を受ける場合に、寄付をしてくれた人に税金の優遇がありますか？」というものです。残念ながら、寄付をしてくれた人に税制上の優遇（所得控除や税額控除）はありません。

　寄付をしてくれた人に税制上の優遇があるような非営利法人としては、公益社団法人、公益財団法人、認定NPO法人等、社会福祉法人などがあります。

○寄付を受ける側の税金

　寄付を受ける側の一般社団法人では、個人から受け取った寄付金は、非営利型法人の場合は法人税の課税対象外、普通型法人では法人税の課税対象です。

（2）法人から寄付を受ける場合

○寄付をする側の税金

　法人（例えば株式会社）が一般社団法人に寄付をした場合、一般の寄付金の損金算入限度額の範囲内までが損金となり、損金算入限度額を超える金額は損金に算入されません。

　一般の損金算入限度額が適用されるということは、つまり、一般社団法人に寄付をするという行為について税制上の優遇はないということです。

法人から寄付を受けた場合に寄付を支出した法人に税制上の優遇が生じる（一般の寄附金に係る損金算入限度額とは別枠の損金算入限度額が設けられる）非営利法人としては、公益社団法人、公益財団法人、認定NPO法人等、社会福祉法人などがあります。

○寄付を受ける側の税金

寄付を受ける側の一般社団法人では、法人から受け取った寄付金は、非営利型法人の場合は法人税の課税対象外、普通型法人では法人税の課税対象になります。

（3）まとめ

一般社団法人の場合、上記のように寄付をした個人にも法人にも税制上の優遇は特にないため、税金面以外で「この団体に寄付をしたい」と思わせる魅力づくりが必要といえます。

第2節　役員報酬の決め方

　理事、監事に対して報酬（役員報酬）を支払う場合の役員報酬の決め方について解説します（理事や監事は無報酬でも問題ない）。

【1】　理事の報酬の決め方

　理事の報酬等（報酬、賞与その他の職務執行の対価として一般社団法人等から受ける財産上の利益を指す。以下同じ。）は、定款でその額を定めるか、または社員総会の決議によって定めます（一般法人法89）。

　なお、定款に理事の報酬額を明記すると、報酬の改定ごとに定款変更が必要になるため、**一般的には社員総会の決議で報酬額を決めることが少なくありません**。

　また、理事が複数いる場合には、社員総会で理事全員の報酬の総額（理事の報酬総額）を決め、その範囲内で各理事の報酬額を理事会の決議や特定の理事の決定によって決めることが可能とされています。

【2】　監事の報酬の決め方

　監事の報酬等は、定款でその額を定めるか、社員総会の決議によって定めます（一般法人法105①）。

　監事が複数いる場合、定款や社員総会の決議で各監事の個別の報酬額が定められていないときには、定款や社員総会で定めた監事の報酬の総額（監事の報酬総額）の範囲内で、監事の決議により各監事の報酬額を決定します（一般法人法105②）。

　また、監事は社員総会において、自らの報酬等について意見を述べることができます（一般法人法105③）。

【3】 役員報酬は定期同額給与である必要があるか

　よく「理事の報酬は定期同額給与（毎月同額の給与を支払う）でなければならない」というイメージを持っている人がいます。

　これは、株式会社や合同会社において、代表取締役や取締役に対する役員報酬が定期同額給与でないと法人税の計算において損金（法人税額の計算における経費のイメージ）として認められないという知識に基づくものと思われます（なお、定期同額給与以外にも事前確定届出給与など、損金にできる役員報酬の種類はある）。

　一方で、<u>一般社団法人でも法人税の計算上、役員報酬を損金にするためには、定期同額給与や事前確定届出給与といった一定の方法で支払う必要があ</u>ります。

　しかし、非営利型の一般社団法人が収益事業を行わない場合には、法人税が課税されません。そのため、法人税が課税されない非営利型法人では、定期同額給与や事前確定届出給与といった損金算入の要件に合致する形で役員報酬を支払う必要はありません。

　具体的には、たとえば講座やセミナーを開催する一般社団法人で理事が講師を務める場合、「講師1回あたり●円」や「法人が受領した講座受講料の●％」というように役員報酬を設定することが可能です。

　このように、定期同額給与以外の方法で役員報酬を支払えるのは、非営利型の一般社団法人が、収益事業を行わず法人税が課税されないため、法人税の損金にするための役員報酬の支払方法（定期同額給与など）に縛られないからです。

　もちろん、非営利型で収益事業を行わない法人税非課税の一般社団法人でも、毎月定額の役員報酬を支払うことは問題ありません。

【4】 理事会や社員総会への出席日当

　非常勤の理事や監事が理事会や社員総会に出席した場合に、1回の出席あ

たり●円といった形で日当を払うケースも多いと思われます。この理事会や社員総会の出席日当が、税務上どのような扱いになるかをみていきます。

（1）出席日当は給与なのか業務委託費なのか

　一般社団法人の理事や監事は法人の役員であり、理事会や社員総会への出席にあたっては時間的にも場所的にも拘束を受けます。また、別の人が理事や監事本人に代わって理事会や社員総会に出席することもできないため、**理事会や社員総会の出席日当は業務委託費ではなく給与**として考えるのがごく一般的です。

（2）出席日当を旅費扱いすることはできないのか

　理事会や社員総会に出席した理事や監事に対して、会場までの交通費を実費精算した場合は、給与ではなく旅費として取り扱って差し支えありません。

　実費精算ではない場合には、仮に「お車代」などの名目で支払っていたとしても、税務調査で給与として認定されるリスクが非常に高くなります。

　たとえば、理事会出席者にお車代として1回につき1万円を払うような場合、税務調査で旅費であることを否認されるリスクを考えれば、実費精算以外の日当の支給は給与として扱うことが無難と思われます。

（3）役員への理事会や社員総会の出席日当は損金になるのか

　これは、法人税が課税される一般社団法人での論点です。

　一般社団法人において、理事や監事が理事会や社員総会に出席した際に出席日当を支払うケースは多く見られます。この出席日当が旅費の実費精算ではなく給与として扱われる場合、役員報酬に該当します。

　役員報酬を損金に算入するためには、定期同額給与または事前確定届出給与の要件を満たす必要があります（出席日当の性質上、業績連動給与は適しない）。

　たとえば、理事会を毎月開催し、毎月定額の出席日当を支払う場合、定期同額給与の要件を満たします。しかし、理事会や社員総会を毎月開催するのは一般的ではないため、定期同額給与として出席日当を支払うケースは少ないでしょう。

そのため出席日当を損金にするための現実的な対応として、理事会や社員総会の開催回数や出席日当の金額を事前に決め、事前確定届出給与として「事前確定届出給与に関する届出書」を所轄税務署に提出期限までに提出する方法があります[30]。

　なお、出席日当が少額で法人税の損金に算入する必要がないと考える場合や、非営利型法人において出席日当が収益事業の経費とならないと考える場合には、事前確定届出給与の届出を行わなくても差し支えないでしょう。

❖ まとめ

- 法人税が課税される場合（普通型または非営利型で収益事業がある場合）
  - ・常勤理事……定期同額給与
  - ・非常勤理事、監事……事前確定届出給与（出席日当）
  - ・役員報酬は無報酬でも可。
  - ・法人税の損金算入が不要であれば、上記以外の方法も選択可。
- 法人税が課税されない場合（非営利型で収益事業がない場合）
  - ・常勤理事……任意（定期同額給与でなくても可）
  - ・非常勤理事、監事：任意（事前確定届出給与でなくても可）
  - ・役員報酬は無報酬でも可。

【5】非営利型法人の場合の注意点

　非営利型法人の要件として、「特定の個人または団体に特別の利益を与えないこと」が求められます。この「特別の利益」に関しては、法人税基本通達1-1-8に例示が示されており、その中に「特定の個人に対して過大な給与等を支給していること」という項目があります。

---

[30] 国税庁「「事前確定届出給与に関する届出書」を提出している法人が特定の役員に当該届出書の記載額と異なる支給をした場合の取扱い（事前確定届出給与）」
https://www.nta.go.jp/law/shitsugi/hojin/11/13.htm

したがって、**理事や監事がその職責や業務内容に対して過大な役員報酬を受け取っていると認定された場合**、非営利型法人の要件を満たしていないと判断されるおそれがあります。この場合、過大な役員報酬の支給が開始された時点に遡って**非営利型の認定が取り消されることもあり得る**ため、くれぐれも役員報酬が過大な給与とならないよう、特に注意が必要です。

第3節 社員総会の開催

　一般社団法人において、社員総会は法人に関する一切の事項を決議できる最高の意思決定機関です（ただし、社員に対して剰余金の分配を行う決議は認められない）。

　社員総会は、毎事業年度終了後、一定の時期に必ず定時社員総会を開催する必要があります。さらに、定時社員総会以外にも必要に応じて、随時社員総会を開催することが可能です。

【1】社員総会招集までに決めるべきこと

　通常、社員総会は理事が招集します（理事会設置の場合は理事会の決議により招集）。社員総会の招集する場合には、次の事項を定める必要があります。

> （イ）社員総会の日時および場所
> （ロ）社員総会の目的である事項
> （ハ）書面での議決権行使ができる場合は、その旨
> （ニ）電磁的方法で議決権行使ができる場合は、その旨
> （ホ）その他法務省令で定める事項

【2】社員総会の招集通知

　社員総会を開催する場合、原則として1週間前までに社員に対して招集通知を送付する必要があります。ただし、理事会を設置していない一般社団法人においては、定款でこれを下回る期間を定めることも可能です。さらに、書面での議決権行使や電磁的方法による議決権行使が認められている場合には、社員総会の2週間前までに通知を発送する必要があります（一般法人法39①）。

第3節 社員総会の開催　185

社員総会の招集通知には上記の（イ）〜（ホ）を記載する必要があります。

また、社員総会の招集通知は必ずしも書面で行う必要はありませんが、次の場合には書面による通知が必要です。

- ◉　招集決定時に、書面または電磁的方法による議決権行使が可能である旨を定めた場合
- ◉　理事会設置法人の場合

ただし、上記の場合でも、事前に通知相手に対し、使用する電磁的方法の種類および内容を示し、書面または電磁的方法による承諾を得ている場合は、電磁的方法による通知が認められます。

このように、社員総会の通知や手続きにおいては、一定のルールと例外が設けられており、各法人の実情や規定に応じた対応が必要です。

（3）社員総会の開催場所

社員総会の開催場所については、現行の法律ではオンラインのみでの開催は認められていません。つまり、**招集通知に「オンライン」などを開催場所として記載することはできず、実際に存在する物理的な場所を指定する**必要があります（例えば一般社団法人の主たる事務所や、開催時に議長が所在する場所など）。

ただし、出席者がオンラインで出席することは認められています。そのため、社員総会の開催場所を実在する場所に設定しつつ、招集通知に「オンライン出席可」などの記載を加えることで、遠隔地にいる社員や役員がオンラインで参加できる形をとることが望ましいとされています。

社員総会は物理的な場所での開催が原則ですが、オンライン出席を組み合わせた柔軟な対応が可能です。

（4）社員総会の決議

社員総会の決議では、通常の決議事項は「総社員の議決権の過半数を有する社員が出席し、出席した社員の議決権の過半数をもって」決議をします。そのため、**議決権の過半数が出席していない社員総会では決議を行うことが**

できないため社員総会が成立しません。

　そして、以下の（イ）～（ト）の事項については「総社員の半数以上[31]であって、総社員の議決権の３分の２（定款でこれを上回る割合を定めることも可能）以上での決議が必要です。

（イ）社員の除名
（ロ）理事・監事・会計監査人の解任
（ハ）理事・監事・会計監査人の責任の一部免除
（ニ）定款の変更
（ホ）事業の全部の譲渡
（ヘ）解散および継続
（ト）合併契約書の承認

　なお、理事会設置一般社団法人は、原則として招集通知に記載された目的である事項以外の事項の決議を社員総会ですることができません。

（5）社員総会の決議の省略
　理事または社員が社員総会の議題に関して提案を行い、社員全員がその提案に対して書面または電磁的記録により同意の意思を示した場合、その提案は社員総会で可決されたものとみなされます。

（6）社員総会の議事録
　社員総会の議事については議事録を作成し、社員総会の日から10年間、主たる事務所に備え置く必要があります。
　社員総会の議事録には、以下の事項を記載します。

---

[31] オーナー型一般社団法人で定款の記載の工夫によりオーナーの議決権を３分の２以上にしていた場合でも、社員の人数の問題で「総社員の半数以上」をクリアできなくなることがあり得るので、注意が必要。

（イ）社員総会が開催された日時・場所
（ロ）社員総会の議事の経過の要領と、その結果
（ハ）監事や会計監査人がいる場合はそれらに関する一定の事項
（ニ）社員総会に出席した理事、監事、会計監査人の氏名
（ホ）社員総会の議長の氏名
（ニ）議事録の作成者の氏名

　役員報酬が適切な手続きで決定されているかなど税務上の点からも、役員選任登記などの登記実務上の点からも、社員総会の議事録は非常に重要です。
　社員総会の開催の都度、議事録は必ず作成しましょう。

（7）社員総会の議事録への押印等（議事録署名人）

　社員総会の議事録に関して、法律上は押印の義務はありません。しかし、定款で議事録に押印する者を定めている場合には、その定めに従って押印が必要です。法律上の義務はないとはいえ、押印のない議事録では信頼性に疑義が生じる可能性があり、登記実務上も押印が求められることが一般的です。そのため、**実務においては議長および出席した理事が押印**することが多く見られます。

❖ 社員総会議事録の記載例

一般社団法人加古川フラッグフットボール協会
第●回　定時社員総会議事録

1．開催日時　：令和6年8月31日（土）午前10時00分～午前11時00分
2．開催場所　：兵庫県加古川市●●町●●1-2-3
3．出席社員数と議決権数
　　（1）当法人の社員の総数　3名
　　（2）当法人の総議決権数　3個
　　（3）出席した社員の総数　3名（現地出席1名、オンライン出席2名）
　　（4）出席した議決権総数　3個
4．出席理事　：現地出席　高橋和也
　　　　　　　　　　　オンライン出席　加古川太郎、兵庫健太
5．出席監事　：オンライン出席　野口町子
6．議事録作成者：高橋和也

　代表理事高橋和也より社員総会出席議決権数が定款●条に規定する定足数に達していることを確認し、第●回定時社員総会の開会を宣言した。
　議長には定款●条の規定により代表理事高橋和也が選出された。

第1号議案　令和5年度事業報告の承認の件
　議長は令和5年度（令和5年7月1日～令和6年6月30日）における事業報告書を説明し、その承認を求めたところ、異議なく満場一致でこれを承認可決した。

第2号議案　令和5年度決算の承認の件
　議長は令和5年度（令和5年7月1日～令和6年6月30日）における決算状況を説明し、その承認を求めたところ、異議なく満場一致でこれを承認可決した。

　議長は以上で予定していた議案を終了した旨を述べ、午前11時00分に閉会を宣言した。

　上記の決議を明確にするため、本議事録を作成し、議長及び出席した理事は下記に署名押印する。

令和6年8月31日

議長（代表理事）　　_____　印

理事　　　　　　　　_____　印

理事　　　　　　　　_____　印

第3節　社員総会の開催　　189

第4節 理事会の開催

　理事会を設置している一般社団法人については、理事会の開催も義務付けられています。

　理事会は原則として、3か月に1回以上（最低年4回）開催する必要がありますが、**定款で規定することにより、各事業年度に4か月を超える間隔で2回以上（最低年2回）の開催とすることも可能**です（一般法人法91②）。

　理事会を設置するかどうかは、その一般社団法人の任意になります（非営利型法人も理事会設置は必須ではない）。理事会を設置する場合、理事は3名以上、監事は1名以上必要です。また、理事会は理事の中から代表理事を選定する必要があります。

【1】理事会の権限

　理事会は、すべての理事で組織し、以下に掲げる職務を行います。

> （イ）一般社団法人の業務執行の決定
> （ロ）理事の職務の執行の監督
> （ハ）代表理事の選定、解職

　また、理事会は代表理事や業務執行理事に一般社団法人の業務執行を委任できますが、以下に掲げる重要な事項は代表理事や業務執行理事に委任することはできません。

（イ）重要な財産の処分・譲受け

（ロ）多額の借財

（ハ）重要な使用人の選任・解任

（ニ）従たる事務所その他の重要な組織の設置、変更、廃止

（ホ）法令等で定める体制の整備

（ヘ）損害賠償責任の免除

　日常の業務執行は代表理事や業務執行理事が行うが、重要事項の決定は理事会が行うということです。

【2】理事会の招集

（1）理事会の招集手続き

　理事会は、各理事が招集します。ただし、理事会を招集する理事を定款または理事会で定めたときは、その理事が招集します（それ以外の理事も理事会の招集の請求は可能）。

　理事会の招集者は、理事会の日の1週間（これを下回る期間を定款で定めた場合はその期間）前までに、各理事や各監事に対して、招集通知を発送する必要があります。

　ただし、理事および監事の全員の同意があるときは、招集の手続を経ることなく理事会を開催できます。

（2）理事会の開催頻度

　理事会は「3か月に1回以上」開催する義務があり、年に4回以上の開催が必要とされています（一般法人法91②）。

　しかし、同項ただし書により、定款で「毎事業年度に4か月を超える間隔で2回以上開催」と定めた場合は、この限りではありません。

　つまり、定款の規定により、理事会の開催頻度を年4回以上から年2回以上に減らすことが可能ということです。

第4節　理事会の開催　　191

多忙な理事が多く、なかなか理事会を開催できない一般社団法人では、定款に「理事会は毎事業年度に４か月を超える間隔で２回以上開催」と明記することをお勧めします。

【3】理事会の決議

　理事会の決議は、議決に加わることができる理事の過半数（これを上回る割合を定款で定めた場合は、その割合以上）が出席し、その過半数（これを上回る割合を定款で定めた場合は、その割合以上）をもって行います。
　<u>その決議について特別の利害関係を有する理事は、議決に加わることができません。</u>

❖ 特別の利害関係の例

> ◉競業取引や**利益相反取引**の承認を受ける理事
> ◉代表理事の解職における当該代表理事

　なお、上記の「利益相反取引」に関連して、一般社団法人においては、代表理事が自身の経営する会社に外注費や業務委託費を支払うケースが散見されます。これは利益相反取引に該当するため、社員総会の承認が必要です（一般法人法84）。理事会が設置されている場合は、理事会の承認が求められます（一般法人法92）。

【4】理事会の決議の省略

　理事会設置型の一般社団法人においては、理事全員が書面または電磁的記録で理事会の決議事項に同意の意思表示をし、かつ監事がその提案に対して異議を述べなかった場合、当該提案が理事会で決議されたものとみなす旨を定款に定めることが可能です。
　特に多忙な非常勤理事が多く、理事会の日程調整が困難な法人にとって、この規定を定款に盛り込んでおくことは実務上大変有効です。これにより、

理事会の決議を効率的に進めることができ、法人運営の柔軟性が向上します。

　予算承認の理事会は、理事会決議の省略が活用されるケースが少なくありません。一般的には、予算承認から約2か月後に決算承認の理事会が開催されますが、予算承認は理事会決議の省略で行い、決算承認は実際に理事が集まる形で理事会を開くことが多いといえます。

【5】 理事会の議事録

　理事会の議事については議事録を作成し、理事会の日から10年間、主たる事務所に備え置く必要があります。

　理事会の議事録には、以下の事項を記載します。

（イ）理事会が開催された日時・場所
（ロ）理事会が招集権者以外の者が招集して開催された場合は、その旨
（ハ）理事会の議事の経過の要領とその結果
（ニ）決議を要する事項について特別の利害関係を有する理事があるときは、その理事の氏名
（ホ）利益相反等に関する意見または発言の内容の概要
（ヘ）理事会の議事録署名人を代表理事とする定款の定めがあるときは、代表理事以外で理事会に出席した理事の氏名
（ト）理事会に出席した会計監査人の氏名または名称
（チ）理事会の議長の氏名

【6】 理事会の議事録への押印等 （議事録署名人）

　理事会の議事録が書面をもって作成されているとき、法律（一般法人法95③）により、出席した理事・監事は、議事録に署名し、または記名押印する必要があります。

　ただし、**定款において議事録への署名または記名押印を行う者を、出席した代表理事（および監事）に限定することも可能です**。特に理事の人数が多

第4節　理事会の開催　193

い一般社団法人では、このような定款規定を設けることで、実務上の負担軽減に役立ちます。定款で理事会の議事録署名人を「出席した代表理事及び監事」と定めておくことは、実務上非常に有用です。

この規定を設けた場合でも、出席した代表理事および出席した監事全員の署名または記名押印は必要です（代表理事だけを議事録署名人にできるということではない）。

また、理事会の議事録は電磁的記録で作成することも可能ですが、役員変更登記などの実務上の必要性もあり、書面で作成することが一般的です。

❖ 理事会議事録の記載例

一般社団法人加古川フラッグフットボール協会

第●回　理事会議事録

1．開催日時　：令和6年8月10日（土）午前10時00分～午前11時00分
2．開催場所　：兵庫県加古川市●●町●●1-2-3
3．出席理事の人数
　　（1）当法人の理事の総数　3名
　　（2）出席した理事の総数　3名（現地出席1名、オンライン出席2名）
4．出席者　　：代表理事　高橋和也（現地出席）
　　　　　　　　理事　　　加古川太郎（オンライン出席）、兵庫健太（オンライン出席）
　　　　　　　　監事　　　野口町子（オンライン出席）

　代表理事高橋和也より理事会出席の理事の人数が定款●条に規定する定足数に達していることを確認し、第●回理事会の開会を宣言した。
　議長には定款●条の規定により代表理事高橋和也が選出された。

第1号議案　令和5年度事業報告の承認の件

　議長は令和5年度（令和5年7月1日～令和6年6月30日）における事業報告書を説明し、その承認を求めたところ、異議なく満場一致でこれを承認可決した。

第2号議案　令和5年度決算の承認の件

　議長は令和5年度（令和5年7月1日～令和6年6月30日）における決算状況を説明し、その承認を求めたところ、異議なく満場一致でこれを承認可決した。

　議長は以上で予定していた議案を終了した旨を述べ、午前11時00分に閉会を宣言した。

　上記の決議を明確にするため、本議事録を作成し、出席した代表理事及び監事は下記に署名押印する。

令和6年8月10日

　　　　　　　　代表理事　　　＿＿＿＿＿＿＿＿＿＿＿＿＿＿＿　　印

　　　　　　　　監事　　　　　＿＿＿＿＿＿＿＿＿＿＿＿＿＿＿　　印

第5節 毎年の決算と税務申告、その他の税務手続き

　一般社団法人は、事業年度ごとに計算書類（貸借対照表と損益計算書。いわゆる「決算書」）、事業報告、これらの附属明細書を作成しなければならないとされています（一般法人法123②）。また、作成した計算書類およびその附属明細書は作成から10年間保存しなければなりません。

　非営利型法人で収益事業を行わない場合、法人税の申告義務はありませんが、決算書は必ず事業年度ごとに作成する必要があります。

【1】決算で作成しなければならない書類

　一般社団法人が事業年度ごとに作成しなければならない書類は、下記のとおりです（一般法人法123①二）。

◉計算書類
◉計算書類の附属明細書
◉事業報告
◉事業報告の附属明細書

❖ 事業報告の記載事項（一般法人法施行規則）

❶法人の状況に関する重要な事項
❷法人の業務の適正を確保するための体制の整備等に関する事項

　❶については、1年間に行った事業の概要をまとめて外部向けに説明するイメージで記載するとよいでしょう。

　❷は、記載すべき事項が特にない場合は、「一般法人法施行規則34条2項2号に該当する事項はない」と記載しましょう。

196　第6章 設立後の運営のポイント

❖ 附属明細書の記載事項

- ●計算書類の附属明細書の記載事項（公益法人会計基準）
  - ・基本財産および特定資産の明細
  - ・引当金の明細
- ●事業報告の附属明細書の記載事項（一般法人法施行規則）
  - ・事業報告の内容を補足する重要な事項

　いずれも記載すべき事項が特にない場合は、「記載すべき事項はない」と書いた附属明細書を作成するか、「附属明細書に記載すべき事項がない」旨を計算書類と事業報告に記載しましょう。

【2】決算手続きの一般的な流れとスケジュール

　一般社団法人の決算手続きは、理事会の有無、監事の有無によって異なります（会計監査人がいる場合はレアケースなため、本書では割愛）。

　法人税や消費税は、事業年度終了の日から2か月以内に申告・納税をする必要があります。届出書を提出すれば申告期限を1か月延長することができますが、納税期限は延長できません。
　延長した期間に納税した場合には利子税もかかってしまうため、ここでは法人税や消費税の申告期限は事業年度終了の日から2か月以内として解説します。

　もちろん、収益事業を行わない非営利型法人の場合は法人税の申告は必要ありませんし、消費税の課税事業者でない場合は消費税の申告も不要です。

第5節　毎年の決算と税務申告、その他の税務手続き　197

（1）理事会なし・監事なしの場合

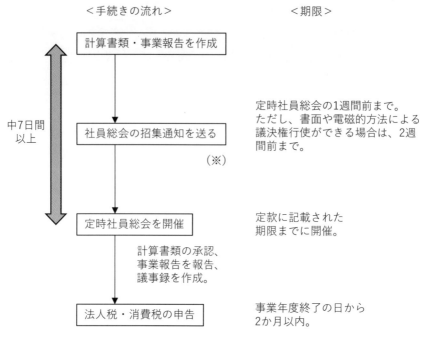

- 定時社員総会に出席しない社員が書面や電磁的方法により議決権行使ができる場合には、社員総会の2週間前までに招集通知を送る必要あり。
- **社員総会議事録**を必ず作成。
- 計算書類と事業報告は、定時社員総会の日の1週間前の日から5年間、主たる事務所に備え置く必要あり（＝計算書類完成から定時社員総会は中7日間以上必要）。

（２）理事会なし・監事ありの場合

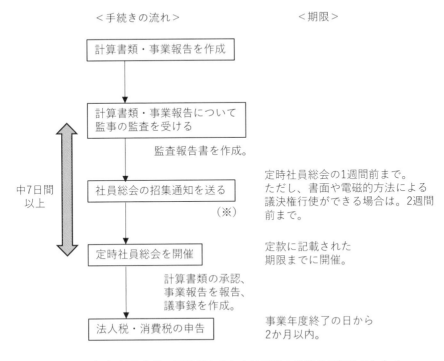

(※) 社員全員の同意があるときは招集の手続きを経ることなく
社員総会を開催できる。
ただし、書面や電磁的方法による議決権行使ができる場合
は招集手続きが必要。

- 定時社員総会に出席しない社員が書面や電磁的方法により議決権行使ができる場合には、社員総会の２週間前までに招集通知を送る必要あり。
- **監査報告書**と**社員総会議事録**を必ず作成。
- 計算書類と事業報告は、定時社員総会の日の１週間前の日から５年間、主たる事務所に備え置く必要あり（＝計算書類完成から定時社員総会は中７日間以上必要）。

(3) 理事会あり・監事ありの場合

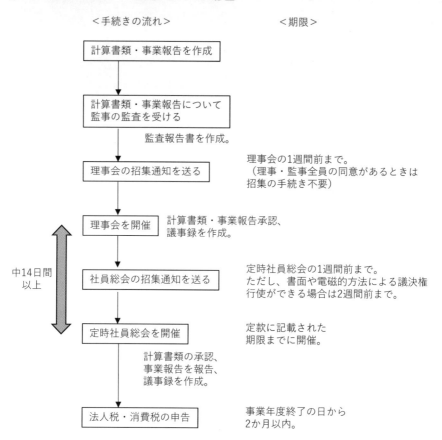

- 定時社員総会に出席しない社員が書面や電磁的方法により議決権行使ができる場合には、社員総会の２週間前までに招集通知を送る必要あり。
- **監査報告書、理事会議事録、社員総会議事録**を必ず作成。
- 計算書類と事業報告は、定時社員総会の日の２週間前の日から５年間、主たる事務所に備え置く必要あり（＝計算書類完成から定時社員総会は中14日間以上必要）。

❖ 監査報告書の記載例

監査報告書

令和 6 年○月○日

一般社団法人○○○○
代表理事　●●　●●　殿

一般社団法人○○○○
監事　▲▲　▲▲　印

　私監事は、令和 5 年 4 月 1 日から令和 6 年 3 月 31 日までにおける理事の職務の執行を監査いたしました。その方法及び結果につき以下のとおり報告いたします。

１．監査の方法及びその内容
　私監事は、理事（及び使用人）と意思疎通を図り、情報の収集及び監査環境の整備に努めるとともに、理事会その他重要な会議に出席し、理事（及び使用人）等からその職務の執行状況について報告を受け、必要に応じて説明を求め、重要な決裁書類等を閲覧し、業務及び財産の状況を調査いたしました。
　以上の方法に基づき、当該期間に係る事業報告及びその附属明細書について検討いたしました。

　さらに、会計帳簿及び関連する書類の調査を行い、当該期間に係る計算書類等（貸借対照表、損益計算書及びこれらの附属明細書）について検討いたしました。

２．監査の結果
（１）事業報告等の監査結果
　　①事業報告及びその附属明細書は、法令及び定款に従い、当法人の状況を正しく示しているものと認めます。
　　②理事の職務の執行に関する不正の行為又は法令若しくは定款に違反する重大な事実は認められません。

（２）計算書類等の監査結果
　　計算書類及びその附属明細書は、法人の財産及び損益の状況をすべての重要な点において適正に表示しているものと認めます。

以上

（上倉要介「公益法人の監査」[32]13頁より一部改変）。

---

[32] https://www.koeki-info.go.jp/administration/pdf/no9_01_kanjiniyoru_kansa.pdf

一般社団法人のガバナンス不遵守事例

　令和6年10月、とある公益社団法人が「法人運営が不適切」として、内閣府公益認定等委員会から行政指導（報告要求）を受けました。その不適切な運営の一例が「理事会開催時期の法令違反」です。

　決算および事業報告を承認する理事会は、定時社員総会の約2週間前（中14日以上の間隔）までに開催する必要があります（一般法人法129①）。しかし、当該公益社団法人はこのルールを失念し、社員総会の3日前に臨時で理事会を開催するなど、法令に反した運営を行っていたようです。

　一般社団法人には公益社団法人のような外部機関による監督や立ち入り検査はありませんが、理事会と社員総会の間隔を約2週間空けるというルールは（一般社団法人も対象となる）法令で定められており、法人のガバナンスとして確実に遵守すべきです。

　特に、民主運営型の一般社団法人では、法令を遵守しない運営を続けると、法令に詳しい理事や社員から指摘を受ける可能性もあるため、注意が必要です（オーナー型の一般社団法人でも法令は当然遵守すべき）。

【3】その他税務手続きと年間スケジュール

　一般社団法人を運営するにあたっては、決算と法人税・消費税の申告以外にも、さまざまな税務や社会保険、労働保険等の手続きが必要になります。

　ここではその主な手続きのスケジュールを、法人税の申告義務の有無、源泉所得税の納期の特例の適用の有無別にまとめます（給与の支払いの有無、報酬・外注費の支払いの有無等で不要となる手続きもある）。

（1）法人税の申告義務あり・源泉所得税の納期特例適用なし

月	手続き	前月分を翌月10日までに納付		
		給与・士業報酬等の源泉所得税	報酬・外注費等の源泉所得税	住民税特別徴収
1月	・給与支払報告書の提出 ・法定調書合計表の提出 ・償却資産申告書の提出	納付	納付	納付
2月		納付	納付	納付
3月		納付	納付	納付
4月		納付	納付	納付
5月		納付	納付	納付
6月		納付	納付	納付
7月	・社会保険の算定基礎届を提出（提出期限：7月10日） ・労働保険年度更新申告書を提出（提出期限：7月10日）	納付	納付	納付
8月		納付	納付	納付
9月		納付	納付	納付
10月		納付	納付	納付
11月		納付	納付	納付
12月	年末調整	納付	納付	納付

・上記スケジュールに、決算、法人税等の申告、消費税等の申告が加わる。
・上記以外にも、登記事項などの変更が生じた場合には、都度、必要に応じて各種機関に異動届や変更届等の提出が必要。

（2）法人税の申告義務あり・源泉所得税の納期特例適用あり

月	手続き	給与・士業報酬等の源泉所得税	前月分を翌月10日までに納付	
			報酬・外注費等の源泉所得税	住民税特別徴収
1月	・給与支払報告書の提出 ・法定調書合計表の提出 ・償却資産申告書の提出	前年7～12月分を20日までに納付	納付	納付
2月			納付	納付
3月			納付	納付
4月			納付	納付
5月			納付	納付
6月			納付	納付
7月	・社会保険の算定基礎届を提出 （提出期限：7月10日） ・労働保険年度更新申告書を提出（提出期限：7月10日）	1～6月分を10日までに納付	納付	納付
8月			納付	納付
9月			納付	納付
10月			納付	納付
11月			納付	納付
12月	年末調整		納付	納付

・上記スケジュールに、決算、法人税等の申告、消費税等の申告が加わる。

・上記以外にも、登記事項などの変更が生じた場合には、都度、必要に応じて各種機関に異動届や変更届等の提出が必要。

（3）法人税の申告義務なし・源泉所得税の納期特例適用なし

月	手続き	前月分を翌月10日までに納付		
		給与・士業報酬等の源泉所得税	報酬・外注費等の源泉所得税	住民税特別徴収
1月	・給与支払報告書の提出 ・法定調書合計表の提出 ・償却資産申告書の提出	納付	納付	納付
2月		納付	納付	納付
3月		納付	納付	納付
4月	**法人住民税均等割の申告・納付**	納付	納付	納付
5月		納付	納付	納付
6月		納付	納付	納付
7月	・社会保険の算定基礎届を提出（提出期限：7月10日） ・労働保険年度更新申告書を提出（提出期限：7月10日）	納付	納付	納付
8月		納付	納付	納付
9月		納付	納付	納付
10月		納付	納付	納付
11月		納付	納付	納付
12月	年末調整	納付	納付	納付

・上記スケジュールに、決算、消費税等の申告が加わる。

・**法人税の申告義務がない場合でも、決算は必ず行う。**また、法人税の申告義務がない場合でも消費税の納税義務者である場合には、消費税の申告・納付が必要。

・上記以外にも、登記事項などの変更が生じた場合には、都度、必要に応じて各種機関に異動届や変更届等の提出が必要。

第5節 毎年の決算と税務申告、その他の税務手続き　205

（4）法人税の申告義務なし・源泉所得税の納期特例適用あり

月	手続き	給与・士業報酬等の源泉所得税	前月分を翌月10日までに納付	
			報酬・外注費等の源泉所得税	住民税特別徴収
1月	・給与支払報告書の提出 ・法定調書合計表の提出 ・償却資産申告書の提出	前年7〜12月分を20日までに納付	納付	納付
2月			納付	納付
3月			納付	納付
4月	**法人住民税均等割の申告・納付**		納付	納付
5月			納付	納付
6月			納付	納付
7月	・社会保険の算定基礎届を提出（提出期限：7月10日） ・労働保険年度更新申告書を提出（提出期限：7月10日）	1〜6月分を10日までに納付	納付	納付
8月			納付	納付
9月			納付	納付
10月			納付	納付
11月			納付	納付
12月	年末調整		納付	納付

・上記スケジュールに、決算、消費税等の申告が加わる。

・**法人税の申告義務がない場合でも、決算は必ず行う**。また、法人税の申告義務がない場合でも消費税の納税義務者である場合には、消費税の申告・納付が必要。

・上記以外にも、登記事項などの変更が生じた場合には、都度、必要に応じて各種機関に異動届や変更届等の提出が必要。

206　第6章 設立後の運営のポイント

第6節 法人住民税均等割の申告・納税

【1】法人住民税均等割の申告と免除制度

　非営利型一般社団法人が収益事業を行わない場合、法人税の申告は不要です。同様に、法人事業税や法人住民税の法人税割も課税対象外となるため、これらの申告も不要です。

　このような場合でも、法人住民税の均等割は課税されます。均等割は最低税率で課税されることが一般的で、都道府県分が2万円、市町村分が5万円、合計で7万円が標準的な金額です。

　均等割の金額（税額）は自治体により異なるため、管轄の都道府県、市町村の金額をご確認ください。

　ただし、自治体によっては、非営利型一般社団法人で収益事業を行わない場合、均等割が免除される場合もあるため、注意が必要です。

　たとえば、筆者が一般社団法人加古川フラッグフットボール協会を設立した兵庫県加古川市では、一定の免除申請書類を提出して認められると、市町村分の均等割5万円が免除されます。一方で、兵庫県分の均等割については、法人県民税均等割の免除制度はありますが一般社団法人は対象外であるため、2万円の納付が必要です。

　このようなケースもあるので、非営利型法人で収益事業を行わない場合には、法人所在地の都道府県や市町村における均等割の免除制度について、事前に確認しましょう。

　ちなみに東京都の場合、東京都では収益事業を行わない公益社団法人やNPO法人には均等割の免除制度がありますが、収益事業を行わない一般社団法人については免除されません。

【2】法人住民税均等割申告のスケジュール

　収益事業を行わない非営利型法人で法人住民税均等割のみ申告を行う場合は、原則として、毎年4月から翌年3月までの1年分の均等割について、翌年4月末までに法人所在地の都道府県税事務所と市町村に申告・納税します。

　法人住民税均等割について、注意すべき点が2つあります。
　1点目は、この**均等割の申告スケジュールが、一般社団法人の決算月とは無関係**である点です。たとえば、6月決算の一般社団法人の場合、事業年度は7月1日から翌年6月30日までとなりますが、法人住民税均等割の申告は事業年度に関係なく、4月1日から翌年3月31日までの1年間分を対象として行います。

　2点目は、**申告・納付の期限が4月末**である点です。会社経営や会計税務に精通した方の中には、「税金の申告と納付期限は決算の2か月後」という固定観念を持っている場合があります。そのため、法人住民税均等割についても「3月末までの分を申告納税するのだから、期限は2か月後の5月末」と誤解してしまうことがあります（筆者自身もかつてはそうでした）。しかし実際には、5月に入って申告を行おうとすると、すでに申告納付期限を過ぎていることになるため、十分な注意が必要です。

　均等割の申告書は、通常、3月中旬から4月上旬にかけて都道府県税事務所と市町村から郵送されます。そのため、必ず期限内に申告書を提出し、納税を済ませるよう心がけましょう。
　均等割の申告はeLTAXを利用して行うこともできます。

第7節 事業計画と収支予算

　定款の中に「当法人の事業計画及び収支予算については、毎事業年度開始日の前日までに代表理事が作成し、社員総会において承認を得るものとする」という規定を入れている一般社団法人も多いと思われます。

　一般社団法人では、事業計画と収支予算の作成は法的な義務ではありません。公益社団法人については、公益認定法21条1項に基づき、毎事業年度の事業計画書および収支予算書の作成が義務付けられていますが、一般社団法人にはそのような義務はありません。つまり、事業計画と収支予算の作成は任意ということです。

　定款に「当法人は事業計画と収支予算を作成する」とわざわざ明記している場合、それは本来任意であるものを、自らの意思で作成することを決定したことを意味します。このような規定を定款に盛り込んでいる以上、毎事業年度に事業計画と収支予算を作成するのが当然の対応といえます。定款は、その法人が自ら定めたルールであり、その内容に従うことが求められるからです。

　にもかかわらず、特にオーナー主導型の一般社団法人においては、定款に「事業計画と収支予算を作成する」と規定しておきながら、実際には作成していないケースが多く見受けられます。法人設立時に使用したモデル定款に当該規定が含まれており、それをそのまま採用してしまったことが原因である場合が多いと推測されます。

　一方で、民主運営型の一般社団法人では、事業計画と収支予算を作成し、予実管理を行いながら法人運営を進める意図を持って規定を設けているケースも多いと考えられます。

事業計画と収支予算を作成する意図がないにもかかわらず、定款に当該規定が含まれている場合は、定款を変更して規定を削除することを検討しましょう。

　定款に記載した以上はその規定に従い作成すべきですし、作成しないのであれば規定を削除することを推奨します。

　筆者ら（高橋、森成）は、一般社団法人の設立の依頼・相談をいただくとき、事業計画と収支予算の規定はデフォルトでは盛り込まない方針としています。行わないことを定款に記載するのは意味がないと考えているためです（法人側に作成したいという意思がある場合は、その意思を尊重し規定を盛り込んでいる）。

第8節 2年ごとに必要な登記

一般社団法人を設立後、登記されている内容に一切変更がない場合でも、必ず2年に一度、登記を申請しなければなりません。理事の任期満了に伴う役員変更の登記があるからです。

一般社団法人の理事の任期は原則「選任後2年以内に終了する事業年度のうち最終のものに関する定時社員総会の終結の時までとする」とされており、定款でこの任期を短縮することは可能ですが、伸長することはできません。

したがって、役員の改選とそれに伴う登記申請の必要が、少くとも2年おきには生じます。同じ人が任期満了と同時に再度就任することを重任といいますが、改選の前後で役員メンバーに変更がない全員重任の場合も同様です。

【1】役員変更登記を忘れてしまうと

最初に役員の変更登記を忘れてしまった場合、次のような不都合・問題が生じます。

（1）任期が満了したのに役員の選任がされない場合

「選任懈怠」という状態です。

理事の任期が満了したのに新たな理事が選任されない場合、新しい理事が就任するまで従前の理事が引き続き理事としての権利を有し、義務を負います（一般法人法75①）。

したがって、「一応は」理事の仕事をする人が不在という状態ではないものの、一刻も早く理事を選任しなければならない状態であることには変わりありません。

また、この場合、新しい理事が決まり次第その登記を申請することになりますが、理事の選任が遅れたという理由で、理事の就任登記を申請した代表理事個人に対して過料が課されるおそれがあります。

第8節 2年ごとに必要な登記　211

（2）理事を選任したもののその登記を申請しなかった場合

　理事の任期満了時に選任手続きを行ったものの2週間以内にその登記が申請されなかった場合、「登記懈怠」という状態になってしまいます。

　登記懈怠の場合、期限内に登記申請がされなかったという理由で、登記申請をした代表理事に対して過料が課されるおそれがあります。

　変更日から2週間を過ぎてしまったから即過料の対象になるというわけではないかもしれませんが、適切な法人運営をするという意味でも法定の登記申請期限を守れるよう、計画的に手続きを進めましょう。

（3）最後に登記申請をしてから5年間が経過してしまった場合

　最後に登記の申請をしてから5年間一切登記申請がされなかった場合は、法務局の職権により、法人を「みなし解散」させられるおそれがあります。

　みなし解散とは、一般社団法人の場合、理事の任期の関係で少なくとも2年に1回は必ず登記手続きが発生するはずのところ、5年間まったく何の登記申請もされなかった法人は、法務局から「もう事業廃止したんだな」とみなされ、法務局の職権によって解散の登記を入れられてしまうことです。

　実際には、みなし解散の登記がされる前に、法人の主たる事務所に宛てて「事業を廃止していますか？　解散の登記を入れますよ」という趣旨のお尋ねのお手紙が届き、これを無視すると本当に解散の登記を入れられてしまうという流れです。

　みなし解散をされてしまった場合、法人を継続するには、タイムリミットがあったり、手続費用がとてもかかってしまったりと、大きな負担を強いられてしまいます。

【2】必要な手続き

　では、このような状況に陥らないために、何をすればよいのでしょうか。

　必要な手続きは理事の改選ですが、理事会設置の有無、定款の定め等によって異なります。

　おおまかな流れは、次のとおりです。

212　第6章 設立後の運営のポイント

（A）定時社員総会の招集手続き。

（B）定時社員総会で新役員メンバーを選任し、選任されたメンバーから就任承諾の意思表示を受ける。

（C）理事会設置一般社団法人や定款で代表理事の選定方法を理事の互選としている一般社団法人の場合は、（B）に加えて、理事会設置一般社団法人は理事会にて、定款で代表理事の選定方法を理事の互選としている法人は理事の互選にて、代表理事を選定し、代表理事に選定された理事から就任承諾の意思表示を受ける。

（D）登記の添付書類を作成、収集し、定時社員総会の開催日から2週間以内に管轄の法務局へ登記を申請。

　なお、監事を設置している法人では、上記に加えて4年に一度（監事の任期を理事に合わせて2年としている場合は2年に一度）定時社員総会で監事の選任決議も行う必要があります。

　ご自身での手続きが難しい場合は、早めに司法書士に相談しましょう。

第9節 登記事項に変更があったら

一般社団法人の設立後、登記事項に変更があった場合、その変更日から2週間以内に変更の登記を申請する必要があります。

役員変更登記のときと同様に、登記申請が遅れてしまうと登記懈怠による過料を課されてしまうおそれがあるので、登記事項に変更が生じる手続きを行う場合は、計画的に進めましょう。

この節では、登記事項の変更のうち、主なものについて、その手続方法をみていきます。

【1】 名称、目的等の変更

一般社団法人の登記事項のうち、名称と目的等はいずれも定款に必ず記載しなければならない内容です。

したがって、これらの変更を行う場合、必ず定款変更の手続きを伴います。具体的な手続きの流れは、下記のとおりです。

（A）社員総会の招集手続き

（B）社員総会の特別決議により、定款変更の決議を行う（一般法人法49②四）

（C）登記の添付書類を作成し、2週間以内に管轄の法務局へ登記の申請をする

（注）特別決議を成立させる要件は、総社員の半数以上であって、総社員の議決権の3分の2（これを上回る割合を定款で定めた場合にあっては、その割合）以上に当たる多数の賛成。

なお、名称変更の場合、法人の名称を変更したからといって法的には法務局に届け出ている法人代表者印を改印する義務はありませんが、法人代表者

印に記載されている名称と実際の名称が異なるのは歪（いびつ）ですので、法人代表者印も名称と併せて変更したいというケースが多いと思われます。

　法人代表者印を変更する場合は、登記申請時に法務局に改印届も提出しましょう。

　改印届の提出時は、改印届をする代表理事の個人の印鑑登録証明書（発行から３か月以内のもの）が必要になります。この印鑑登録証明書に記載されている代表理事の住所と登記上の代表理事の住所が異なる場合には、改印届の提出の際に後述する代表理事の住所変更登記も必要になります。

　なお、改印を行う際はこれに伴って印鑑カードの変更をすることはできず、それまで使用していた印鑑カードを引き続き使用することになるので、誤って捨ててしまうことのないよう、気を付けましょう。

　また、名称変更と目的変更の登録免許税はいずれも３万円です。別々に申請してしまうとそれぞれ３万円の登録免許税がかかってしまいますが、一度の申請で名称変更と目的変更を同時に申請する場合には課税の区分が同一であるため合計で３万円の登録免許税となるので、両方の変更をする予定がある場合には、同時に手続きできるよう日程を調整しましょう。

【2】主たる事務所の移転

　主たる事務所の移転をする場合、定款変更を伴う移転かどうかによって、必要な決議が異なります。

　また、法務局の管轄を跨（また）ぐ移転かどうかによって、法務局への登記申請手続きが異なります。

（1）定款変更を伴う移転の場合

　まず、「定款変更を伴う移転」かどうかによる必要な決議の違いについてみていきましょう。

　定款変更を伴う移転とは、定款に記載されている主たる事務所の所在地を変更しなければならない移転のことです。

　定款には、一般的に主たる事務所の所在地として市区町村までを定めてい

第9節　登記事項に変更があったら　215

るので、その場合は、異なる市区町村へ主たる事務所の移転を行うことが定款変更を伴う移転となります。

定款変更を伴う移転の場合は、次のとおり決議を行いましょう。

（Ａ）社員総会の特別決議により、主たる事務所の所在地に関する定款変更の決議を行う（一般法人法49②四）。
（Ｂ）理事の決定（理事会設置一般社団法人の場合は理事会の決議）により、主たる事務所の具体的な所在場所と移転日を決定。

（2）定款変更を伴わない移転の場合

定款変更を伴わない移転（一般的には同一の市区町村内での主たる事務所の移転）の場合には、（1）のケースから社員総会の特別決議による定款変更決議を省略します。

つまり、「理事の決定（理事会設置一般社団法人の場合は理事会の決議）により、主たる事務所の具体的な所在場所と移転日を決定する」ということです。

（3）法務局の管轄を跨ぐ移転の場合

次に、法務局の管轄を跨ぐ移転かどうかによる法務局への登記申請手続きの違いをみていきます。

法務局の管轄を跨ぐ移転とは、主たる事務所の移転の前後で法務局の管轄を異にする移転のことです。

定款変更を伴わない移転の場合は主たる事務所の移転の前後で法務局の管轄が変わることはありませんが、定款変更を伴う移転の場合（一般的には異なる市区町村への移転の場合）でも法務局の管轄には変更がないケースもあります（管轄法務局の調べ方は138頁を参照）。

法務局の管轄を跨ぐ移転の場合は、移転前の管轄法務局と移転後の管轄法務局の双方へ登記申請をする必要があります。登録免許税もそれぞれ3万円、合計6万円かかります。

双方の法務局へ登記申請をしますが、申請書や添付書類等の提出先は、いずれも移転前の管轄法務局です。同時に提出をします。

このとき、新しい管轄法務局で新たに印鑑カードを発行してもらうために印鑑カードの交付申請を行う必要がありますので、印鑑カード交付申請書も忘れずに作成し、提出しましょう。

（4）法務局の管轄を跨がない移転の場合

主たる事務所の移転の前後で法務局の管轄が変わらない場合は、管轄の法務局に申請書と添付書類を提出しましょう。

当然ですが、この場合は1か所への申請となり、登録免許税は3万円です。

（5）設立時に「とりあえず」で主たる事務所を決定しない

法人設立時に設立を急ぐあまり、「とりあえず」の場所で主たる事務所を登記しようとしてしまう人がいるものですが、設立してから主たる事務所を移転する場合、上記のような余計な費用がかかってしまうだけでなく、さまざまな届出も必要になり手間も増えてしまうので、やむをえない事情がない限り避けた方が賢明です。

【3】代表理事の住所変更

ここまで紹介した名称変更、目的等の変更、主たる事務所の移転は、法人の方針として適宜の機関で決議を行っているため、その先の登記申請を忘れてしまうおそれは少ないと思われます。

しかし、代表理事の住所変更登記については、代表理事自身が引っ越しをしたときに、それに伴って一般社団法人の登記が必要ということをついつい忘れてしまっているケースも少なくないので、注意しましょう。

代表理事の住所変更登記は、代表理事が自ら申請する場合は、申請書のみの提出となり、添付書類はありません。

住所移転日は、住民票上の住所異動日を正しく記載しましょう。

登録免許税は、役員変更分の1万円です。

第9節 登記事項に変更があったら　217

【4】 その他の登記

　第8節、第9節で紹介したもの以外にも、登記事項に変更が生じた場合は、その登記申請が必要です。

　一般社団法人の登記事項については、**第4章第4節【1】**（142頁）のほか、一般法人法301条2項で確認をしてください。

おわりに

このたびは本書を手に取り、またお目通しいただき、心より感謝申し上げます。

一般社団法人は、株式会社や合同会社などの営利法人に比べて、なにか公益的な活動をしているイメージが強いことと思われます。私が司法書士として一般社団法人の設立手続きに関与させていただくようになったのが平成30年ですが、当時は私もまさにそのようなイメージを持っていました。

もちろん、公益的な活動を目的に設立される一般社団法人も多くありますが、実際にはそれにとどまらず、非常に多様な目的や事業のためにこの法人形態が選ばれていることを、数々の手続きを経たいま実感しています。たとえば、任意団体としての活動を信用力強化のために法人化したい場合、ボランティア活動や福祉事業を行う際により公益的な印象のある法人形態を求める場合、または会費収入が主たる収入となるため税制面のメリットを重視される場合など、その理由も実にさまざまです。

これからも、一般社団法人への認知が広がっていくのに比例して、ますます一般社団法人の設立という選択は増えていくものと考えます。

一般社団法人という選択が増えていく中で、当然そのサポートに対する需要も増えていくことでしょう。一般社団法人のサポートを得意とする専門家がそう多くない現状で、本書が一般社団法人を設立する方、またそれを支援する専門家の一助となることを切に願います。

令和7年3月吉日

司法書士・行政書士　森成　翔

著者略歴

高橋　和也（たかはし　かずや）

税理士。高橋和也税理士事務所代表。1974年生まれ。兵庫県立加古川東高等学校、大阪市立大学（現：大阪公立大学）法学部卒業。2017年に税理士登録し、東京都中野区で開業。

一般社団法人の会計・税務に加え、運営面の助言を得意とし、行政が関与する一般社団法人や大学スポーツ関連の一般社団法人など、多岐にわたる分野の一般社団法人を顧問先として支援している。

また、自らも一般社団法人加古川フラッグフットボール協会を設立し、代表理事として地域活性化とスポーツの普及促進に尽力している。

（第1章、第2章、第5章、第6章（一部）を担当）

森成　翔（もりなり　しょう）

司法書士・行政書士。司法書士・行政書士森成事務所代表。1987年生まれ。千葉県立船橋西高等学校（現：千葉県立船橋啓明高等学校）、神田外語大学外国語学部英米語学科卒業。大学卒業後6年間は、演劇・コントなどを活動の主軸とする（演劇集団円演劇研究所専攻科・ワタナベコメディスクールを卒業）。2017年に司法書士試験に合格、同年司法書士登録し、都内司法書士事務所で3年間勤務の後、2020年に千葉県浦安市で司法書士事務所を開業。2021年に行政書士登録。

法人や会社の登記手続きを業務の中心とし、特に一般社団法人の設立については毎年数十件の相談を受けており、各種の形態、さまざまな事業を目的とした一般社団法人の設立支援ができることを強みとしている。

（第3章、第4章、第6章（一部）を担当）。

一般社団法人 設立・登記・運営がまとめてわかる本	令和7年5月1日　初版発行 令和7年8月1日　初版2刷

		検印省略
著　者	高　橋　和　也	
	森　成　翔	
発行者	青　木　鉱　太	
編集者	岩　倉　春　光	
印刷所	丸井工文社	
製本所	国　宝　社	

〒 101-0032
東京都千代田区岩本町1丁目2番19号
https://www.horei.co.jp/

（営　業）	TEL	03-6858-6967	Eメール	syuppan@horei.co.jp
（通　販）	TEL	03-6858-6966	Eメール	book.order@horei.co.jp
（編　集）	FAX	03-6858-6957	Eメール	tankoubon@horei.co.jp

（オンラインショップ）　https://www.horei.co.jp/iec/
（お詫びと訂正）　https://www.horei.co.jp/book/owabi.shtml
（書籍の追加情報）　https://www.horei.co.jp/book/osirasebook.shtml

※万一、本書の内容に誤記等が判明した場合には、上記「お詫びと訂正」に最新情報を
　掲載しております。ホームページに掲載されていない内容につきましては、FAX また
　はEメールで編集までお問合せください。

・乱丁、落丁本は直接弊社出版部へお送りくださればお取替えいたします。
・ JCOPY 〈出版者著作権管理機構 委託出版物〉
　本書の無断複製は著作権法上での例外を除き禁じられています。複製される場
　合は、そのつど事前に、出版者著作権管理機構（電話 03-5244-5088、
　FAX03-5244-5089、e-mail: info@jcopy.or.jp）の許諾を得てください。また、
　本書を代行業者等の第三者に依頼してスキャンやデジタル化することは、たと
　え個人や家庭内での利用であっても一切認められておりません。

©K.Takahashi, S.Morinari 2025. Printed in JAPAN
ISBN 978-4-539-73102-4

富裕層の法務
ファミリー・資産・事業・経営者報酬の知識と実務

弁護士 岩崎 隼人 著
A5判・440頁　定価4,400円（本体4,000円＋税）

富裕層向けリーガルサービスに実績のある弁護士が、富裕層に対し実務家が助言する際に欠かせない特有の法的知識や留意点等を、「家族関係」「リタイアメント関係」「資産保全・防衛関係」「経営者報酬関係」の4部構成にて、網羅的に解説するものです。
　巻末には、富裕層の離婚対策として注目されている「夫婦財産契約」等の条項例も掲載しています。

（R4年11月刊）

主な内容
●第Ⅰ部 家族関係　●第Ⅱ部 リタイアメント関係　●第Ⅲ部 資産保全・防衛関係　●第Ⅳ部 経営者報酬関係　●巻末付録 夫婦間契約条項例

税理士必携 顧問先の銀行融資支援スキル実装ハンドブック

税理士 諸留 誕 著
A5判・496頁　定価4,400円（本体4,000円＋税）

中小企業経営者にとって身近な相談者である税理士は、ときに融資にまつわる相談をされたり、対銀行の助力を求められたりすることもあるものです。とはいえ、このとき適切な助言・支援ができる税理士は、決して多くはないことでしょう。
　本書は、"銀行融資専門税理士"として財務支援に取り組んでいる著者が、税理士としてもう一段階スキルアップするための膨大な知識とポイントを、初学者や非税理士にもわかりやすい言葉で書き尽くした1冊です。

（R5年12月刊）

主な内容
●顧問先にとっての銀行融資　●銀行融資の基本を押さえる　●決算書を磨き込む　●融資引き出し戦略　●融資メンテナンス術

資格が教えてくれたこと
400の資格をもつ社労士がみつけた学び方・活かし方・選び方

社会保険労務士 林 雄次 著
四六判・256頁　定価1,870円（本体1,700円＋税）

400以上の資格を保有し、とにかく資格・検定に詳しい著者が、
・どういう資格を取得するべきか、組み合わせるべきか
・合格までのモチベーション維持
・働きながら勉強もするタイムマネジメント
・取得した資格を仕事に結びつける方法
などなど、日々実践している習慣や心がけ等を100項目にまとめました。資格取得に興味のある人や、現在資格勉強中の人に、合格へのヒントと元気を与える1冊です。

（R6年8月刊）

主な内容
●資格を学ぶ前に　●資格学習＆取得術　●資格を仕事にする　●僧侶資格からの学び

書籍のご注文は株式会社日本法令　出版課通信販売係または大型書店、Web書店まで
Tel：03-6858-6966　　Fax：03-6858-6968